魏晋隋唐民族融合与欧洲蛮族入侵

刘林海 著

人民出版社

丛 书 编 委 会

主 任：潘 岳

副主任：朱沛丰 陈 首

编 委：(按姓氏笔划排序)

马 戎 贝淡宁 刘元春 杨 平

杨共乐 杨学军 沈卫荣 房 宁

钱乘旦 温铁军 强世功 潘 维

主 编：杨共乐

编 辑：林伟华 于 淼 刘英凤 赵剑云

党 健 胡欣宜 王东升

目　录

1

下 篇
魏晋至隋唐时期中西民族关系发展异同的原因

序 言

中国五胡入华与欧洲蛮族入侵

潘 岳

公元 300—600 年间，中国与罗马再次面临相似的历史境遇，同时面临中央政权衰落，同时遭遇周边族群大规模冲击。

在中国，是匈奴、鲜卑、羯、氐、羌五大胡人族群纷纷南下，建起了众多政权。在罗马，是西哥特、东哥特、汪达尔、勃艮第、法兰克、伦巴第等日耳曼部落潮水般地一波波入侵，建起了一个个"蛮族王国"（barbarian kingdoms）。

相似的历史轨迹却产生完全不同的结果。

中国五胡十多个政权中，先有氐族的前秦，后有拓跋鲜卑的北魏统一了整个北方，虽屡经纷争与分裂，最后还是实现了内部整合，并融合了曾经代表正统的南朝，继承了秦汉中央集权超大规模国家形态，奠基了融合胡汉的隋唐大一统王朝。

欧洲各大蛮族王国几百年征伐中，尽管有个别王国如法兰克曾一度实现了西欧基本统一，最有希望继承西罗马帝国衣钵。但由于内在分治的逻辑，最终还是分裂成一个个封建国家，全靠"普世教会"作为精神统一的力量勉力维系。

这个历史岔口，再次体现了中国和西方从族群观念到政治制度的不同道路。其中的文明逻辑最为关键。

一、五胡入华

（一）南迁之战

中国与罗马的命运，因公元 89 年燕然山的一场战役而改变。

经此一战，北匈奴西迁欧洲，成为后来日耳曼各部落侵入罗马疆界的重要推手[①]；南匈奴南下中原，开启了五胡入华的先声。

2017 年，中蒙考古学家发现了班固为汉朝彻底击败匈

[①] 北匈奴西迁之后的演变尚存在争议。很多学者认为北匈奴与后来的"匈人"有直接关系。清朝末年历史学家洪钧在《元史译文证补》中指出，西方古籍提到的"匈人"和匈奴人的形象非常类似。18 世纪，法国学者德·揆尼找到匈牙利人和匈奴的共同之处，在《匈人通史》提出匈牙利人的祖先是远道而来的北匈奴的说法。吉本《罗马帝国衰亡史》采用此说，德国著名汉学家夏德在《匈人研究》中亦赞同这一观点。伯恩施坦的《坎库勒墓葬》和江上波夫的《匈人匈奴同族论》分别从墓葬 DNA 分析和匈人活动区域出土汉式 / 匈奴式随葬品，给予了同族说有力的支持。参见〔日〕内田吟风等译注:《匈人、匈奴同族论研究小史》，云南人民出版社 2003 年版。

奴而作的《封燕然山铭》。有大汉情结之人常因"燕然勒碑"而欢呼"明犯强汉者，虽远必诛"。但真实历史是，南匈奴单于首先侦测到北匈奴的内部动乱，主动向汉朝建议出兵①。窦宪率领的 4.6 万骑兵里，3 万是南匈奴人，剩下的 1.6 万中还有一半是羌人②。可以说，是汉朝率领南向中原的游牧族群共同迫使北匈奴西迁的。

这一幕，后世也屡屡重现。在被国际突厥学者列为始祖文物的《阙特勤碑》的突厥文一面上，突厥可汗哀伤抱怨：为什么回纥要与唐朝合作而围攻自己，为什么草原族群总是要迁徙到中原去生活③。

这是游牧社会不团结吗？不是。从地理气候上说，每当

① 章和二年，"北虏大乱，加以饥蝗，降者前后而至"，南单于上言："今所新降虚渠等诣臣自言：去岁三月中发虏庭，北单于创刈南兵，又畏丁令、鲜卑遁逃远去，依安侯河西……臣与诸王骨都侯及新降渠帅杂议方略，皆曰：宜及北虏分争，出兵讨伐，破北成南，并为一国，令汉家长无北念。"参见范晔撰，李贤等注：《后汉书·南匈奴传》，中华书局 1965 年版，第 2952 页。

② "宪与秉各将四千骑，及南匈奴左谷蠡王师子万骑，出朔方鸡鹿塞；南单于屯屠河，将万余骑，出满夷谷；度辽将军邓鸿及缘边义从羌胡八千骑，与左贤王安国万骑，出稒阳塞。皆会涿邪山。"参见范晔撰，李贤等注：《后汉书·窦宪传》，中华书局 1965 年版。

③ "南方唐家世为吾敌，北方之敌，则为 Baz 可汗及九姓回鹘，黠戛斯，骨利干，三十姓鞑靼，契丹及 Tatabi，皆吾敌也""噫，吾突厥民众，彼恶人者将从而施其煽诱，曰：'其远居者，彼等予以恶赠品，其居近者，予以佳物。'彼等如此诱惑之。愚人为此言所动，遂南迁与之接近，尔辈中在彼沦亡者，何可胜数。"参见韩儒林汉译并注：《突厥文阙特勤碑译注》，国立北平研究院总办事处出版课，铅印本，1935 年版。

草原寒潮来临时，北方的游牧族群都会向南迁徙。从资源禀赋上说，草原地区所能承载的人口只是农耕地区的十分之一，游牧族群必须从中原获取粮食、茶叶、丝麻织品以维持生存和开展贸易。中原对周边族群强大的吸引力之一是先进的农业和手工业[①]。与更北的族群愿意向西发展不同，漠南族群更想与中原融合。他们与中原共享着北中国经济交通网络，更容易在荒年获得粮食，更容易以低廉成本进行贸易，从而多次形成经济共同体。逐渐地，从地理到经济，从民俗到语言，从文化到制度，1500 年后，一个囊括东北亚的共同体最终形成。

燕然山之战后，南匈奴深入汉土，在北方边郡游牧生息。由于汉朝怀柔远人的政策，他们不缴税赋，但要接受郡县制的人口管理[②]。今天在宁夏、青海、内蒙古、陕西、山西发现南匈奴墓地，既有汉式墓穴，又有草原的头蹄葬，青海还出土了受封匈奴首领的"汉匈奴归义亲汉长"的驼纽铜印[③]，胡汉文化彼此交融。南匈奴南下前后，内迁的还有西北的氐羌、东北的鲜卑、漠北的羯人。三国后期由于中原

[①]　参见费孝通：《中华民族的多元一体格局》，《北京大学学报（哲学社会科学版）》1989 年第 4 期。

[②]　参见《晋书·四夷列传》，中华书局 1984 年版，第 2548 页。

[③]　1973 年在青海省大通县后子河乡上孙家寨村汉墓群一号墓中出土一枚铜印，方座，驼纽。阴刻篆文"汉匈奴归义亲汉长"八字，是东汉中央政府赐给匈奴族首领的官印，其中"归义"是汉政府给予其统辖的周边族群首领的一种封号。

人口剧减，魏晋不断"招抚五胡"。百年间，内迁的五胡约数百万人，其中，匈奴 70 万，羌人 80 万，氐人 100 万，鲜卑 250 万。[①]西晋"八王之乱"后，北方总人口 1500 万，汉人只占三分之一。有人误以为"汉化"就是"同化"，是"大族群"靠着人口数量的绝对优势改变"小族群"的生活方式。[②]但真实历史是，北方五胡族群不仅军事占优势，人口数量也占优势[③]，完全可以按照老习惯"牧马中原"，完全可以"胡化"汉人，但他们却主动选择了一条"汉化之路"。

（二）汉化之路

汉化之路，由南匈奴开启。

五胡中第一个建立王朝并灭亡西晋的，是南匈奴人刘渊。他是南匈奴羌渠单于之曾孙，因汉匈和亲而改为刘姓。作为贵族子弟，刘渊曾在晋朝宫廷中游学，他读《毛诗》与《尚书》，学《史记》与《汉书》，最爱《左传》和《孙吴兵法》。他割据山西称帝，却并不想恢复匈奴的北方故业，而非要以"汉"为国号统一天下。为此，他自称是刘邦、刘秀、刘备之后，为了说明"汉代之甥"与"兄亡弟继"的合法性，他

---

① 参见朱大渭：《十六国北朝各少数民族融入汉族总人口数考》，《朱大渭说魏晋南北朝》，上海科学技术文献出版社 2009 年版。

② 参见［美］海伦·麦吉尔·休斯编：《种族和民族关系》（*Racial and Ethnic Relation*），霍尔布鲁克出版公司 1970 年版，第 117—119 页。

③ 根据江统《徙戎论》的说法，关中地区胡汉人口比例是一比一，东北地区胡人人口比例更高。

竟将"扶不起的阿斗"刘禅也设个牌位祭拜起来。

但刘渊的政权并未延续，被羯人石勒所灭。羯人"高鼻多须"，属于塞种人，曾依附匈奴为"别部""杂胡"。石勒的出身与刘渊不同。刘渊是游牧贵族，混迹于宫廷；石勒是雇农奴隶，流浪于民间。但石勒也一样喜爱汉文化。他不识字，却"雅好文学"，爱听人给他念《汉书》。太子石弘受他安排而完全变成了儒生。但石勒也没有成功，统一北方的基业被残暴的后代败光。从后赵的废墟里，又诞生出了慕容鲜卑的前燕和氐人的前秦。

五胡政权中第一个统一北方的是前秦苻坚。前秦发家于秦之关中故地，领土一度"东极沧海，西并龟兹，南包襄阳，北尽沙漠"。但没几年，就因仓促伐晋而败亡。在前秦的"残躯"上，分化出羌人姚氏的后秦、慕容鲜卑的后燕、匈奴赫连的大夏。

混战中，拓跋鲜卑从蒙古草原一路打来，力破群雄，定国号为魏。经过三代人励精图治，终于统一北方百余年。北魏随后分别演变成了北周和北齐，再由北周统一北方并开出了一统天下的隋唐。

前秦与北魏，这两个最接近一统天下的政权，汉化程度最高，汉化态度也最坚决。

苻坚生于世代好酒的氐人家族，是戎马倥偬的豪雄，却自小熟读经史。即位后最重文教，每月亲临太学，考问诸生经义。他的目标，是道德上要不坠"周孔微言"（周公孔子），实践上要超越"汉之二武"（汉武、光武）。他打服西域，却送回汗血宝马，要显得比"为马打大宛"的汉武更高一筹。他一边打东晋，一边在朝廷里为东晋君臣留好位置修好府第，要模仿"兴灭继绝"的周政。他俘虏了慕容鲜卑却不肯杀，安排慕容暐与慕容垂君臣入朝为官。无数人劝他消除隐患，他却非要树立以德服人的榜样①。他刚在淝水战败，鲜卑豪杰们果然造反，建立后燕和西燕。苻坚对"仁义"的偏执程度，曾被讥讽成"不肯半渡而击"的宋襄公。

有人说前秦亡于"过于汉化"，但之后的拓跋北魏统一北方后，却比前秦更加彻底地推行"汉化"。道武帝拓跋珪说"为国之道，文武兼用"。太武帝拓跋焘大量重用汉人士族，把河西学者迁到首都，鲜卑子弟都得跟着学儒典，"于是人多砥尚，儒学转兴"。孝文帝拓跋宏更是"体制性汉化"。他迁都洛阳，仿照两晋南朝官制；命令鲜卑人定门第、改汉姓、说汉语；自己带头并让弟弟们和汉人士族通婚。

有史家认为，北魏之所以能统一北方，演化出的北周与隋朝之所以能统一全国，是因为他们"改汉俗行汉礼"。不尽然。因为天然习汉俗行汉礼的南朝并没能统一天下。北魏成功的最重要原因，是进行了大一统精神的政制改革，再造了秦汉儒法国家形态。

---

① "修德则禳灾。苟求诸己，何惧外患焉。"参见《晋书·苻坚载记》。

（三）再造一统

西晋崩溃后，天灾人祸，基层政权完全崩坏。北方遍布"坞堡"，百姓依附强宗豪族聚居起来自我保卫。战乱导致土地抛荒，一方面流民无地，一方面豪强趁机多抢多占。贫者越贫，富者越富。

公元485年，北魏实行均田制改革，将无主荒地收归国有，并平均分配给贫民耕种。其中，"露田"是要种粮征田赋的，耕农去世后还给国家，再分配给下一批青壮年；而"桑田"是种桑麻枣榆之地，不用归还，可以留给子孙。均田令还规定了如何给老人小孩、残疾人、寡妇分田。此后，强者仍强，但弱者也有立足之地。从北魏一直到唐中期，贞观之治与开元盛世的土地制度基础都是均田制。

与均田制同时的另一项重大改革，是三长制。针对的是乱世中的豪强割据。豪强即"宗主"，朝廷下不去基层，通过"宗主"来间接管理，称为"宗主督护制"①。三长制废除了宗主制，重建秦汉式的"编户齐民"三级基层政权（"五家立一邻长，五邻立一里长，五里立一党长"）②。再从百姓中选取乡官③，负责征税与民政。

提出均田制改革的，是汉人儒生李安世。提出三长制改

---

① "魏初不立三长，故民多荫附，荫附者皆无官役，豪强征敛倍于公赋。"参见《魏书·食货志》。
② 参见《资治通鉴》卷一三八。
③ "取乡人强谨者。"参见《资治通鉴》卷一三八。

革的，是汉人官僚李冲。通过均田制，北魏获得了充足的编户、赋役与兵源；通过三长制，北魏结束封建式统治，重建了基层政权；通过官僚制，北魏恢复中央集权行政体系。比起"着汉衣""改礼仪"这些形式，这更是"汉制"的灵魂。在西晋灭亡170年之后，中原竟然在少数民族王朝手里重新恢复了"汉制"。诚如钱穆所言，"北魏本以部落封建制立国，逮三长、均田制行，则政体上逐渐从氏族封建变为郡县一统，而胡、汉势力亦因此逐渐倒转"①。短短30年内，北魏的人口数量与军队数量迅速超过了南朝。公元520年，北魏人口近3500万，是西晋太康年间的翻倍②。汉人农民大量加入北魏军队，打破了从前"鲜卑作战、汉人种田"的分野。

当北魏继承"汉制"的时候，东晋和南朝的"汉制"却走向僵化。起于东汉的察举制，产生了四世三公的经学门阀与盘根错节的官僚豪族，转到魏晋就发展为门阀政治。由于东晋政权的建立是靠世族支持，于是出现"王与马，共天下"的场景。到东晋南朝时还产生了一个奇观，虽然北方千万流民南渡，虽然江南经济依然繁荣，但"自孙吴至陈亡的六个王朝，在长达300年的时间内，江南户籍上的户口几乎完全没有增长"③。因为这些人民都投奔了世族大户成了"私属"，没在官府登记，朝廷一方面不掌握人口数字，一方面失去了

---

① 参见钱穆著：《国史大纲》，商务印书馆1996年版，第336页。

② 参见《魏书·地形志》总序。

③ 唐长孺：《魏晋南北朝隋唐史三论》，武汉大学出版社1992年版，第88页。

更多税赋。门阀政治倡导清谈，产生了最优雅的魏晋风度和玄学思辨，社会衰颓与艺术高峰同时发生。

陈寅恪、钱穆都认为，之后的隋唐总体上继承了北朝的政治制度与南朝礼乐文化。比起南朝的因循守旧，北朝的均田、府兵等制度创新更符合"汉制"大一统精神。这种精神使隋朝成功地实施第一次全民清查编户（大索貌阅），还开创了科举制。陈寅恪说，"取塞外野蛮精悍之血，注入中原文化颓废之躯"①。注入的与其说是人种，不如说是改革创新精神。

北朝对南朝的胜利，不是野蛮对文明的胜利，而是谁更能继承大一统精神的胜利，是兼采胡汉的"新汉制"对僵化守成的"旧汉制"的胜利。同样是世家大族，北方比南方更重现实政治能力，因为北朝大考百僚看实绩。同样是经学，北朝重实学，南朝重玄学。同样是儒生，北朝大量用于朝堂与基层政权，南朝直到晚期才让寒士当官为将。

南朝也并非一无是处，其发明的"三省六部制"原型为之后的隋唐所吸取。且东晋与南朝在大一统的理念上，也从未含糊过。这比东罗马强，拜占庭存在 1000 年，为统一的西征只有一次半。而东晋南朝 272 年里，北伐有 10 余次。从东晋的祖逖、庾亮、桓温、谢安，到宋武帝刘裕刘义隆父子、梁武帝萧衍、陈宣帝陈顼等。虽然都未成功，但谁也不

---

① 参见陈寅恪：《金明馆丛稿二编》，生活·读书·新知三联书店 2001 年版，第 344 页。

敢宣布放弃。在华夏大地上，任何统治者，谁要放弃了大一统，就等于失去了合法性。

（四）汉化与罗马化

五胡族群之所以执着于"汉化"，是因为汉文明之精髓在于长治久安的超大规模政治体的构建。游牧族群虽具有军事优势，但若不是吸取了汉文明的制度经验，是无法战胜自诩"正统"的南朝的。"汉制"不是"汉人"的习惯法，而是一种无偏私的理性制度。夷与夏不是看血脉看习俗，而是看文明看制度。即便是汉人，不去继承发扬"汉制"精神，也会失去华夏传人的资格。

"汉化"不是"被汉人同化"的意思。西汉初期，没有"汉人"，只有"七国之人"。司马迁写《史记》时还用七国之人来描绘四方人民的不同性情。自汉武帝之后，"汉人"变成了"汉王朝子民"的自称。因为汉武帝将秦国的法家制度、鲁国的儒家思想、齐国的黄老之术与管子经济、楚国的文化艺术、韩魏的纵横刑名、燕赵的军事制度融为一体，形成了"大一统汉制"。从此，认同这种制度文明的人，就成了"汉人"。可以说，"汉人"是用政治制度建构"国族"的最早实践。这套制度虽由秦汉创造，却不再专属于中华世界，成为了东亚古典文明遗产。汉字也不仅是"汉族的文字"，而是东亚古典文明的重要载体。因为建构大一统的经验教训都记载于汉文律典与史籍中，不学习就无法重建前行。五胡主动汉化，并非忘记祖先和自我矮化，而是拥有超越部落政治建设超大规模政治体的雄心。

与"汉化"类似的概念是"罗马化"。古罗马制度虽由罗马人发明，却成为地中海文明的古典形态。拉丁文已经不是"罗马人的文字"，而是欧洲古典文明的载体①。当诸多日耳曼蛮族王国抛弃了拉丁语口语，当不同的日耳曼族群因部落与方言不同而分化成不同王国不同语言后，以拉丁文为载体的古罗马文明从此淹没于蛮荒洪流与普世教权之下，直到12世纪初罗马法才开始复兴②，直到14、15世纪文艺复兴时才重新发现了"人文主义"和"国家理性"③。而这个"重新发现"的源头不在欧洲本土。如果没有十字军东征从君士坦丁堡带回来古希腊古罗马手稿，如果没有阿拉伯人翻译的柏拉图、亚里士多德的古典作品，欧洲就难以发生文艺复兴，也就不会有启蒙运动。可以说，希腊罗马的古典文明没有像汉文明那样由周边族群与本地居民共同传承，而是从外部"出口转内销"找回来的。

---

① 从8世纪到9世纪，欧洲各王国尽管产生了各自方言的书面文字。然而，直到中世纪末期，拉丁语一直是官方、记录与教会语言，而书面日耳曼语只是辅助工具。参见［英］彼得·伯克：《语言的文化史：近代早期欧洲的语言和共同体》，李霄翔、李鲁、杨豫译，北京大学出版社2007年版，第107页。

② 公元1135年在意大利北部发现《查士丁尼学说汇纂》原稿，引发了"罗马法复兴运动"。

③ 马基雅维利的"国家理由"（Ragione di Stato）学说。参见［意］马基雅维利：《君主论》，潘汉典译，商务印书馆1985年版，第18页。

二、蛮族入侵

(一) 一族一地王国

蛮族不是突然降临罗马的。如同汉人总是将远方族群称为"夷狄"一样，罗马人也将莱茵河、多瑙河外的异族部落称为"蛮族"，后来又泛称为"日耳曼人"。和汉朝一样，罗马沿着两河边境修筑了一道"日耳曼长城"，与日耳曼诸族勉强相安。而当北匈奴从东边一路挤压，在匈奴人王的"鞭笞"下，草原各部落一次次冲破了这道脆弱的长城。日耳曼人深入腹地掠夺杀戮，占领了北非和西班牙等产粮区和银矿区。罗马帝国的人口、税基、军队不断衰弱。到420年，西罗马核心地区只剩下9万野战军能用于防御①。各蛮族纷纷占地建国，苏维汇人占领了西班牙西北部 (409年)，汪达尔人占领了北非 (439年)，勃艮第人占领了法国东北部 (457年)，盎格鲁－撒克逊人占据了不列颠 (449年)。

上述都是一族一地的小王国，真正建立起"大王国"的，是哥特人与法兰克人。东西哥特王国占领了整个南欧 (西班牙、意大利与法国南部)②，法兰克人则征服了西欧大部。

史家统计，参与476年灭亡西罗马帝国的蛮族，只有12

---

① 超过40%的东罗马军队 (占东西罗马军队总数的20%—25%) 一直用于专门防备波斯，剩余罗马军队中大部分是驻地部队，主要处理对边境安全威胁较低的突发事件。
② 西哥特人占领法国南部和西班牙 (419年)，东哥特人 (493年) 占据了意大利。

万人①。后来进占北非的有8万汪达尔人，进入高卢的有10万法兰克人、阿兰人、勃艮第人，狄奥多里克带到意大利的有30万东哥特人。由此估计，进入罗马帝国的蛮族总人口当在75万到100万之间②。

相比之下，两晋南下的族群人口则有数百万。考虑到罗马与西晋人口规模大致相同，进入罗马的日耳曼族群数量应远远低于罗马人，应比五胡更容易"罗马化"，罗马文明应像汉文明那样在西欧延续下去。但事实却相反，这些日耳曼王国，除个别短暂"部分罗马化"外，绝大部分干净彻底地"去罗马化"。

如哥特人建国，就刻意与被征服的罗马人分开居住，一般选择在城外建立城堡。乡村中耸立的一个个独立城堡，犹如一座座孤岛，成为今日欧洲乡村城堡风貌的起源。为了保持血统的纯洁性不被罗马人同化，为了保持勇武精神不被罗马文化腐蚀，哥特人建立了"二元政治"③。在治理上，哥特

---

① 参见［英］彼得·希瑟：《罗马帝国的陨落：一部新的历史》，向俊译，中信出版社2016年版，第532页。

② 根据Tim O'Neill，阿拉里克时期的西哥特人可能包含2万名战士，总人口可能不超过20万，洗劫罗马的盖萨里克手下的汪达尔臣民也是近似数量，法兰克人、阿兰人、勃艮第人可能不超过10万，总和在75万至100万。

③ 蛮族建国初期都一定程度上保留了二元制的体制，即罗马残存体制与蛮族传统习惯的混合。其中，东哥特的罗马化程度最高，其次是西哥特。罗马化的消失有一个过程，西哥特的二元体制直到7世纪中期才消失。参见［英］彼得·希瑟：《罗马帝国的陨落：一部新的历史》，向俊译，中信出版社2016年版，第503页。

人实行"族群分治"制度，禁止罗马人与哥特人通婚；在法律上，哥特人用蛮族习惯法，罗马人用罗马法；在行政制度上，哥特人搞军事，罗马人管民事；在文化教育上，不鼓励哥特人学习罗马拉丁语与古典文化；在宗教信仰上，罗马人信奉基督教，哥特人信奉基督教"异端"阿里乌斯派。这些分治的规矩保持了多年。正如英国史家佩里·安德森所说，蛮族建国"用得更多的是分裂而不是融合的方式"①。

（二）走不通的融合

日耳曼诸王国中，唯一一个进行过"部分罗马化"的特例，是东哥特王狄奥多里克。他虽然也搞"二元政治"，但却是最理解罗马文明价值的一个蛮族国王。

狄奥多里克是东哥特的王子。如同刘渊一样，作为人质在东罗马宫廷中接受教育，对罗马贵族社会很熟悉。但和刘渊精通《左传》《尚书》不一样，他虽然语言交流无碍，却不喜欢希腊文与拉丁文，为了不签名也能行公文，他竟用一个"记号"来刻章②。

---

① 参见［英］佩里·安德森：《从古代到封建主义的过渡》，郭方、刘健译，上海人民出版社 2016 年版，第 81 页。

② "他经常到学院接受明师的教导，但是对希腊的艺术并不重视，始终停留在科学的入门课程，显示出自己是多么无知，以至于用一个粗俗的记号来代表签名，让人认为他是大字不识的意大利国王。"参见［英］爱德华·吉本：《全译罗马帝国衰亡史》，席代岳译，浙江大学出版社 2018年版。

狄奥多里克拿下西罗马自立为意大利国王，虽然不让哥特人与罗马人混居，但他却保留了西罗马的文官制度，罗马依然由执政官、财务官、国务大臣们管理。他下令罗马人当官，哥特人当兵。哥特士兵能获得的唯一好处，是从罗马乡村地主们手里索要了"三分之一"的土地，这是所有蛮族占领军中拿地最少的。

狄奥多里克很仁厚，在他治下，罗马人完全保留着自己的服装、语言、法律和习俗。甚至对宗教，狄奥多里克也十分宽容。尽管自己信奉阿里乌斯教派，但他亲自去圣彼得的墓地献祭。他从未强迫任何一个基督徒改宗自己的教派。

狄奥多里克特别保留了罗马遗老们的权力。最受重用的大贵族波爱修斯，是奥古斯丁之后最伟大的教会哲学家。他翻译注解了欧几里得的几何学、毕达哥拉斯的音乐、尼科马科斯的数学、阿基米德的机械学、托勒密的天文学、柏拉图的哲学，以及亚里士多德的逻辑学，被史家称为"最后一个罗马人"。

狄奥多里克将朝政托付给波爱修斯，并将波爱修斯两个年纪很轻的儿子早早封为罗马执政官。罗马遗老和哥特新贵常闹争端，当罗马贵族告发狄奥多里克的亲侄子霸占了罗马人的产业，他眼睛都不眨立即强令侄子退还。他对罗马遗老的"偏袒"在自己族人中造成了怨恨，2万名哥特士兵在意大利"带着愤怒的心情维持着和平和纪律"①。在狄奥多里

---

① 参见［英］爱德华·吉本：《罗马帝国衰亡史》，黄宜思等译，商务印书馆1996年版，第165页。

克统治的 33 年中，意大利、西班牙维持着旧日罗马的风貌，宏伟的城市，优雅的元老，盛大的节日，虔诚的宗教。

英国史家吉本说，罗马人与东哥特人是完全可以进行族群融合的，"哥特人和罗马人的团结原可以使意大利的幸福生活世代相传下去，一个由自由的臣民和有知识的士兵组成的新的人民，完全可以在高尚品德方面相互争胜，而逐渐兴起"①。说得容易，哥特人与罗马人的深层矛盾先从宗教开始。狄奥多里克宽容罗马教会，但罗马教会却不肯宽容犹太教，烧犹太人教堂抢其财产。狄奥多里克为了一视同仁，惩罚了犯事的基督教徒。基督教徒因此怀恨在心，纷纷背着他与东罗马拜占庭教会频繁勾结。

523 年，罗马元老阿尔比努斯被揭发送信给东罗马皇帝，请求他推翻哥特王国，让罗马人重归"自由"。这些信件被截获了，狄奥多里克大怒，将叛变的元老们抓了起来。此时，波爱修斯挺身而出，以身相保——"如果他们有罪，我也有罪！如果我无罪，他们也无罪！"他与哥特人虽密切，但关键时刻仍选择站在了罗马贵族一边②。

---

① 参见〔英〕爱德华·吉本：《罗马帝国衰亡史》，黄宜思等译，商务印书馆 1996 年版，第 158 页。

② 有学者对波爱修斯之死提出不同观点，认为波爱修斯之死并非由于东哥特统治者与罗马元老贵族之间的矛盾，或者出于基督教正统与阿里乌斯异端之间的宗教矛盾，而是源于他本人在罗马元老院和东哥特宫廷中的诸多政敌的陷害。参见康凯：《罗马帝国的殉道者？——波爱修斯之死事件探析》，《世界历史》2017 年第 1 期。

吉本总结说，哥特再宽容仁爱，也永远不能得到罗马人的认同，"即使最温和形式的哥特王国，也必会使一位罗马人的'自由精神'感到无法忍受"、"这些不知感恩的臣民却永远不能对这位哥特征服者的出身、宗教，或甚至品德，由衷地加以宽容"①。

此时，狄奥多里克已至暮年。他发现，"他毕生为罗马人民辛劳付出，得到的却只有仇恨；他为这种没有回报的爱而感到愤怒"②。最后，他处死了波爱修斯。故意用一种"最不罗马"的方式——剥夺了波爱修斯死前为自己的辩护权。波爱修斯刑前身披枷锁，在塔牢中写出了《哲学的慰藉》。这本书成为了中世纪学子们的必读书。处死波爱修斯后，狄奥多里克精神极度痛苦，很快也病死了，死前呻吟辗转了三天三夜。

狄奥多里克死后第十年，东罗马皇帝查士丁尼在消灭异端的热忱与收复故土的热望下，对东哥特发动"圣战"。一方面，拜占庭教会同声发布了一项消灭阿里乌斯派的敕令；一方面，查士丁尼用5250公斤黄金主动向波斯求和，稳住东方，腾出手来西征。535年，派出名将贝利撒留进行了20年战争，消灭了东哥特王国。

---

① 参见［英］爱德华·吉本：《罗马帝国衰亡史》，黄宜思等译，商务印书馆1996年版，第166页。

② 他因此性情大变。一向信人不疑的他，此刻却下令剥夺罗马居民的所有武器，只许留一把家用的小刀；一向光明磊落的他，此刻却授意告密者在揭发罗马元老时将波爱修斯捎上；一向宗教宽容的他，准备禁止基督教的活动。

（三）罗马抛弃罗马

重回东罗马怀抱的西罗马人，如愿以偿了吗？答案出乎意料。

当贝利撒留攻打东哥特时，西罗马的贵族与百姓纷纷里应外合。贝利撒留正是通过罗马的贵族主教西尔维里乌斯的暗地接应，才兵不血刃地进入罗马城。

而西罗马人对"王师"的热情却没维持多久。由于长期的攻防战，西罗马人吃不惯苦，先是为不能洗澡、不能睡眠，后是为缺少粮食而咒骂东罗马军队①。贝利撒留给查士丁尼皇帝写信说，"虽然目前罗马人对我们是友好的，但如果他们的困苦处境持续下去，也许他们会毫不犹豫地选择一条更符合他们自己利益的道路"②。

西罗马人的抱怨，使曾经帮助东罗马开城门的西尔维里乌斯主教，竟然计划再次趁夜开锁，虚掩城门，帮助哥特人潜回城内袭击贝利撒留以结束围城。但阴谋泄露，西尔维里乌斯被立即流放。贝利撒留从此不再信任西罗马人，每月两次更换罗马城墙 15 座城门的门锁，经常换防守城门的罗马

---

① 拜占庭史学家普洛科皮乌斯写道，"罗马民众完全不习惯于战争和围城的苦难。因此，当他们开始因不能沐浴和缺少粮食而感到苦恼，发现他们自己为了保卫城墙不得不放弃睡眠……他们开始感到不满和气愤……于是他们自己集合成群，公开地咒骂贝利撒留"。参见〔拜占庭〕普洛科皮乌斯：《普洛科皮乌斯战争史》，王以铸、崔妙因译，商务印书馆 2010 年版，第 486 页。

② 参见〔拜占庭〕普洛科皮乌斯：《普洛科皮乌斯战争史》，王以铸、崔妙因译，商务印书馆 2010 年版，第 500 页。

人自卫队。

这"一迎一拒"的转变，前后仅四个月。

抛弃拜占庭的，不光是贵族，还有平民。许多西罗马农民和奴隶重新加入了旧主哥特的部队；许多没有拿到薪水的蛮族雇佣军也加入了哥特军队，一齐向"解放者"进攻。

西罗马人既不忠诚于东哥特，也不忠诚于东罗马。他们只看重自身利益，最好谁也别来管。正如学者赫尔穆特·海米茨指出，"对西部行省的很多罗马人来说，'罗马的灭亡'并不是一场灾难。事实上，地方精英与蛮族、罗马军阀和藩王（client kings）之间，在更小的权力单元上形成了一种合作关系"①。

西罗马人反对东罗马人也有理由，因为拜占庭毫不考虑当地的民生，只想着收税。战后意大利北部已化为一片废墟，经济退化，人口锐减；接替贝利撒留的将军纳尔西斯却建立了军政府，实行了 15 年的掠夺性税收。拜占庭税吏号称"亚历山大剪刀"，因为每笔税款中的十二分之一都可以合法据为己有，这激起了税吏们搜刮殆尽的狂热动力②。私

---

① 参见赫尔穆特·海米茨：《罗马帝国与加洛林帝国之间的历史与历史书写》，刘寅译，载王晴佳、李隆国主编：《断裂与转型：帝国之后的欧亚历史与史学》，上海古籍出版社 2017 年版，第 276 页。

② "皇帝的臭名昭著的征税官在任内大发其财……对于他所能课征的范围，除了民众的负担能力以外，再也没有别的限制了。甚至军队的饷银，他也要窃取。"参见［美］汤普逊：《中世纪经济社会史》，耿淡如译，商务印书馆 1961 年版，第 185 页。

人从国家税收中抽取提成的"包税制",是从马其顿帝国到罗马的一贯恶政,拜占庭又将其变成国家行为。同时,拜占庭没有恢复罗马治理体系,延续千年的罗马元老院就此终结。

身为蛮族的狄奥多里克还苦心维系罗马体制,身为罗马人的拜占庭却将其一扫而光。欧洲史家认为,如果没有哥特战争,罗马古典文明不会这么快消失而进入中世纪。这就要怪骄傲的罗马贵族内心深处永远不会接受"蛮族"人做皇帝,不管他有多仁厚多罗马。

东哥特之后的蛮族,从此再不刻意"罗马化"。他们干脆抛弃了罗马的政治制度,彻底走自己的路。罗马的生活习俗仅顺着惯性在欧洲局部地区延续了一个多世纪。

(四) 中华选择中华

与狄奥多里克、波爱修斯君臣关系非常相似的,中国有两对人物。一对是前秦的苻坚与王猛,一对是北魏的拓跋焘与崔浩。

先说第一对。苻坚是五胡中最仁德的君主,王猛则是"北方沦陷区"首屈一指的名士。当时东晋也一度北伐,大将军桓温打进了关中,天下名士对他期许甚高。王猛见了他,双方互摸了下底。桓温用高官厚爵力邀王猛南下。王猛拒绝了。拒绝的第一个原因是桓温并不真正想搞"大一统"。王猛对他说,你和长安近在咫尺,却不渡过灞水,大家已知道你并没有统一天下之真心①。

王猛选择了苻坚。因为苻坚立志大一统。他一个氐族人，一生不论顺逆，心心念念就是"混六合以一家，同有形于赤子"。他还未消化好长安的鲜卑贵族，偏要冒险南伐东晋，他说，"惟东南一隅未宾王化。吾每思天下不一，未尝不临食辍哺"。只有"统一"才能使他够得到"天命"②。苻坚身为百战豪杰，并非不知风险，只是"大一统"的最终志向是不计较个人成败的。这和诸葛亮的"王业不偏安"是一个道理。东晋明明有能力，却从未全心全意地北伐。苻坚虽大败于淝水而被史家嘲笑，然以初心使命而论，南北相比，高下立判。

王猛拒绝桓温的第二个原因，是东晋为政之道与王猛的理想不一样。东晋太讲究门阀政治，王猛的理想是儒法并行的汉制。一方面要法家的"明法峻刑，禁勒强豪"；一方面要儒家的"拔幽滞，显贤才，劝课农桑，教以廉耻"。

东晋按门第任官，而苻坚却从下层选拔精英，号称"多士"③。东晋"天下户口半数入门阀"，而苻坚直通基层，亲自或遣使巡查汉人百姓和"戎夷种落"④。东晋搞玄学，为政讲风雅。而苻坚禁老庄、图谶之学，找的是"学为通儒、才堪

① "长安咫尺而不渡灞水，百姓未见公心故也。"参见《晋书·王猛传》。
② "中州之人，还之桑梓。然后回驾岱宗，告成封禅，起白云于中坛，受万岁于中岳，尔则终古一时，书契未有。"参见《晋书·苻坚载记》。
③ 参见《晋书·苻坚载记》。
④ 参见《晋书·苻坚载记》。

干事"之人。

氐人的前秦，比起汉人的东晋更符合王猛对于"汉制"的理解。"汉"在王猛这类真士子心中，不是血统种族，而是制度理想。中华世界里的族群，无论胡汉，都不像罗马世界中那样以"血统"或"宗教"作为划分族群的依据。狄奥多里克若生于中国，会有无数胡汉豪杰辅佐他争正统。

再说第二对。拓跋焘是鲜卑雄主，崔浩是北方汉人世族子弟，在北魏历仕三朝，博览经史百家，精通玄象阴阳，又长于计谋，自比张良。一方面，崔浩为拓跋焘出谋划策，驱逐柔然，荡平大夏，消灭北燕，完成了北中国的大统一[①]。另一方面，崔浩推动拓跋焘进行"文治"改革。废止军事贵族的六部大人主政制度，恢复文官制度的尚书省，并置秘书省；整顿基层政权，考课地方吏治；三次更订律令，大量吸收中原律令条文。崔浩还力主鲜卑精英与汉人精英大融合，拓跋焘言听计从，大规模征召汉人名士数百人进入中央和地方。

拓跋焘无比宠信崔浩，亲临他的府第问计军国大事，命乐工为他谱曲颂功。鲜卑贵族对太武帝"偏听"崔浩极其不满，甚至发生过匈奴贵族与鲜卑贵族共谋的未遂政变。

与波爱修斯一样，崔浩也因牵扯到族群意识而不得善终。他在主修北魏史时，书录了鲜卑人部落时代的"收继婚"

---

① "扫统万，平秦陇，翦辽海，荡河源。"参见《魏书·世祖纪下》。

等旧俗，刻上石碑立在都城要道旁。此时鲜卑人已接受了中原的伦理观，且自称炎黄后裔，对于这种"揭丑"非常愤怒。又正赶上南朝宋文帝北伐，鲜卑贵族纷纷状告崔浩侮辱先人，还传闻崔浩密谋投宋——因为崔浩家族太庞大，其本族和姻亲都有别支在南朝。拓跋焘盛怒下将清河崔氏灭族。此时，崔浩已是七旬老人，备受戮辱[①]。

汉人与鲜卑的融合会因为崔浩之狱而骤然中止吗？鲜卑人和汉人的故事，偏与哥特和罗马不同。

与罗马贵族屡次背叛哥特不同，清河崔氏灭门后各个支系旁系依然留在北魏。当孝文帝即位后，清河崔氏复居四姓之首，崔光、崔亮等人复为北魏朝臣，重修北魏史。尤其崔鸿，收罗各种残余史料，撰成了《十六国春秋》100卷，记录了五胡各政权史实。

与哥特因罗马人背叛而急速去罗马化不同，崔浩案没有使拓跋焘"因人废事"，他依然命令鲜卑贵族子弟学习儒学。崔浩虽死，其政犹在。之后的孝文帝更是把汉化改革推向顶峰。汉人与鲜卑人都没以个人荣辱来构建政治，他们对历史有着更深刻的理解。

（五）法兰克的疏离

当哥特人消失在欧洲舞台后，命运之神降临法兰克。

---

① "自宰司之被戮辱，未有如浩者。"参见《魏书·崔浩传》。

法兰克是"蛮族迁徙"中唯一算不上"大迁徙"的族群。他们长期生活在比利时海岸与莱茵河沿岸，只不过是从世居之地稍稍南下。与东哥特占据意大利大致同时，法兰克占据罗马高卢行省，创立墨洛温王朝，在 6 世纪大致统一了今日法国疆域，7 世纪中期改朝换代为加洛林王朝。查理曼大帝征服了除西班牙之外的西部欧洲，疆土上接近西罗马帝国，与拜占庭并立于世。

为什么东哥特人被罗马人消灭而法兰克人却能够发展壮大？主要原因是法兰克王克洛维改宗了罗马基督教。克洛维以残酷闻名，他刚参加完宗教大会，就能亲手用斧头直劈人头。但就因为他改了宗，而狄奥多里克死不肯改，基督教会庞大势力便不遗余力地支持了他。

除了同信基督教，法兰克与罗马文明可没多少共同之处。

罗马皇帝的短发上戴着桂冠，法兰克国王始终留着蛮族标志的长发，被称为"长发的国王"。

罗马是城市文明，拥有凯旋门和宫殿，但法兰克国王们喜欢住在农庄，四周建有畜舍饲养着牛和鸡，奴隶生产的粮食和酒还可以出售。罗马是中央财政税收，法兰克王室是"私人庄宅"经济。

罗马律法虽然内外有别，但至少在形式上维持了罗马公民的内部平等。但法兰克习惯法实行等级制。《萨利克法典》严正宣称法兰克人的生命比被征服的高卢罗马人值钱。杀死一个法兰克普通人赔偿 200 苏，而高卢普通人赔 50—100 苏就够了①。这种征服者和被征服者之间的差别，转化成了法兰克人与高卢人之间的族群差别，进而转化为贵族和平民之间的阶级差别。法国大革命前，贵族学者布兰维埃利还论证说，法兰西贵族是征服了高卢的法兰克后裔，理应继承祖先的特权，而法国第三等级是高卢罗马人的后裔，理应被统治，没有资格要求政治权利②。

罗马法讲究证据，是有法理支持的成文法。而蛮族法采用简便的裁定法与神意判决，如火裁法、水裁法③。证据不足时就靠"决斗"，文弱的罗马人常因打不过高大的法兰克人而放弃起诉。这种不讲道理讲拳头的蛮族习惯，日后竟被很多人尊为贵族骑士精神。

西罗马中上层拥有精密的财政和市政官僚制度，最高峰时官吏达 4 万人。法兰克彻底抛弃了官僚制而实施了封建采邑制。采邑是指国王把土地封赏给臣属，形成封君与封臣以土地和军役为纽带的效忠关系。最初土地不能世袭，但年深日久，土地被强大的贵族变为世袭财产，形成了欧洲中世纪国王、大中小领主层层分封制。领主在采邑内享有行政司

---

① 参见 [法] 孟德斯鸠：《论法的精神》，张雁深译，商务印书馆 1963 年版，第 243 页。

② 参见康凯：《"蛮族"与罗马帝国关系研究论述》，《历史研究》2014 年第 4 期。

③ 遇难决之事，则以水与火的实验裁决——让嫌犯手握烧红的烙铁，受伤则有罪，安然则无罪；把嫌犯扔进池塘中，浮起来则有罪，沉下去则无罪。

法、军事财政权力，生杀予夺集于一身，俨然独立王国。孟德斯鸠说，查理·马特实行采邑制度改革之后，国家被分割成众多的采邑，也就没有执行公共法律的必要了，也就没有向地方派遣专门官吏巡视与监督司法和政治事项的必要了①。

法兰克在统一战争中兼并的其他蛮族王国，并不像罗马那样建设行省，收归中央管理；而是封给贵族与教会，维持领主自治②。所谓国王，就是最大的地主。法兰克几代国王死后都将国土均分诸子。王权地方化，遍地是国王。日耳曼诸族之后，是斯拉夫诸族大规模侵入东欧，后者与前者的建国方式、制度选择如出一辙。

（六）封建政治与文官政治

罗马帝国的制度遗产近在眼前，法兰克为何偏要选择封建制？

罗马法体系和官僚制度都记载于拉丁文的法典和史书，但日耳曼领袖们不让族人学习罗马文化，因而无法掌握这些历史经验。如哥特的男童只能学母语而不能学拉丁文，谁学

---

① 参见［法］孟德斯鸠：《论法的精神》，张雁深译，商务印书馆1963年版，第252页。
② 如法兰克打败西哥特占领比利牛斯山区后，把土地全收为王室领地，赐给法兰克官员与哥特贵族作为庄园与自治领地。又如查理曼把被征服的萨克森、伦巴第意大利及西班牙的大量土地封给僧侣们，作为教会的领地。

就要挨骂。

　　日耳曼族内语言直到 8 世纪之前尚未形成书面文字。由于拒绝学习希腊罗马文字，中世纪早期的 300 年中（从公元 476 年到 800 年）的日耳曼诸族普遍不能书写。求知欲强的查理曼大帝会说蹩脚的拉丁语，但依然不会写。神圣罗马帝国皇帝们竟然都不会写字。与中国宋太祖同期的奥托大帝 30 岁才开始识文断字，与宋仁宗同时的康拉德二世看不懂书信，欧洲绝大多数封建贵族都是文盲。

　　不能书写，就无法处理复杂的文书，就无法建立文官系统，就无法运行精密的罗马法律。如史家布洛赫所言，"虽然大多数领主和众多大贵族（名义上）都是行政官和法官：但作为行政官，他们却无力亲自研究一份报告或一张账单；作为法官，他们的判决则是用法庭听不懂的语言记载"[①]。无法运行官僚制度进行管理，就只能搞简便易行的封建制度，而不具有对庞大国土的管理能力。当时能培养知识精英的，只有修道院和教会学校。诸侯们不得不依靠领地上的教士搞行政。查理曼大帝就任用主教充当外交官和巡阅[②]，他的绝大多数敕令、公告与训诫都出自英格兰修士阿尔琴之手。几个世纪里，法兰克诸王的大臣职位都由教会人员居首。教士

---

① 参见［法］马克·布洛赫：《封建社会》，张绪山译，商务印书馆 2004 年版，第 153 页。

② 参见［美］汤普逊：《中世纪经济社会史》，耿淡如译，商务印书馆 1961 年版，第 350 页。

们不仅是精神世界的诠释者，还成了行政权力的掌握者。

　　这和罗马帝国的政教关系不同。"罗马教皇"是由罗马皇帝的敕令确定的（445年）①，总体上皇权高于教权。但在法兰克王国，教会与王权共治天下。教会不仅全面参政，还成为大领主，多次成功抵抗王朝的征税企图②。法兰克人对于行政权力的让渡，成为日后"普世教会"崛起的基础。本来，日耳曼传统中也有珍贵的遗产，如代议民主制就产生于他们的军事民主制而不是产生于罗马官僚制，但他们未能嫁接好罗马制度，导致数百年宗教垄断。

　　有学者说，日耳曼人选择自治和封建，乃是出于"自由的天性"。孟德斯鸠就认为，日耳曼诸族天性喜欢"分居"和"独立"的生活方式。"日耳曼人的居住地被沼泽、河泊、森林所分割……这些部族是喜欢分居的。……当这些部族分开的时候，它们全都是自由、独立的；当它们混合的时候，它们仍然是独立的。各族共有一个国家；但又各有自己的政府；领土是共同的；部族是各异的。"③因此，日耳曼各王国

———————————

① 445年，罗马皇帝瓦伦廷三世授予当时的罗马主教利奥一道敕令，将罗马教会提升至西方教会最高的地位，敕令宣布罗马主教制定的法律，全基督教会都应执行，罗马主教传召其他教区的主教，各地主教均应应招，不能抗拒，违者由所在地区总督以强制手段押送罗马。利奥一世自此号称教皇。

② 参见〔美〕汤普逊：《中世纪经济社会史》，耿淡如译，商务印书馆1961年版，第297页。

③ 参见〔法〕孟德斯鸠：《论法的精神》，张雁深译，商务印书馆1963年版，第241页。

独立分散，不追求彼此融合，形成了多中心格局。

而中国的五胡同样是草原与森林游牧民族；同样被大漠、森林、山谷所分割；同样热爱自由；同样受制于游牧社会的天然"分散性"。但五胡却并没有回到更适合游牧天性的自治分封路线，而是主动恢复了多族群一体的中央集权官僚制。五胡的政权，是多族群政权，从来不是一族一国[①]。五胡的政权，是多族群官僚政治，从来不用宗教代理。五胡君主们大都笃信佛教，但他们做政治决策时，从不需要以佛教为判断依据，也不需要佛教动员基层，他们有着发达的文官系统与运用官僚制度的能力。北魏佛风极盛，著名的佛教石窟都凿就于此朝。寺院以万计，僧人以百万计，占有大量寺户庙产，和法兰克教会一样是大地主[②]。但北朝君主没有被宗教捆绑，反而出手关闭寺庙，收回田产，将人口重新纳入编户。

---

① 匈奴汉赵政权中，可统计的 263 名官员中，匈奴 114 人（包括皇族）、汉人 131 人、其他族群 18 人。后燕职官可考者 281 人。中央职官 175 人，慕容氏 45 人，其他鲜卑人 19 人，其他少数族群 18 人，汉人 56 人，另有 37 人族属不确；军事职官 110 人，慕容氏 30 人，其他鲜卑人 15 人，其他族群 15 人，汉人 20 人，另有 30 人族属不确；地方职官 93 人（刺史级 34 人），慕容氏 22 人（刺史级 18 人），其他鲜卑人 8 人，其他族群 4 人，汉人 43 人，另有 16 人族属不确。后秦可统计的 30 种中枢之官 32 人，皇室 6 人，汉人 19 人，羌人 3 人，氐人 3 人，休官人 1 人。据统计 66 个职官中，铁弗 27 人，汉人 26 人，鲜卑人 4 人，匈奴 4 人，羌人 2 人，吐谷浑 2 人，屠各 1 人。参见周伟洲：《汉赵国史》，社会科学文献出版社 2019 年版，第 203 页。
② 参见《佛祖统记》卷三十八。

（七）分割世界与混一天下

公元 800 年，查理曼大帝接受了教皇"神圣罗马皇帝"的加冕。法兰克帝国因为这一加冕变成"罗马"了吗？欧洲学界争论了几百年。史家们不得不承认，法兰克对"罗马继承者"半心半意。查理曼曾说，他并不喜欢罗马皇帝的称号，假如早知道教皇想加冕，他就不会进入圣彼得教堂[①]。查理曼称帝后仍保留了"法兰克王和伦巴第王"的头衔，在 806 年著名的《分国诏书》中甚至没提"罗马皇帝"。

法兰克人并不仰慕罗马。公元 961 年，神圣罗马帝国皇帝奥托一世派遣一个伦巴第人主教出使拜占庭。拜占庭说他没资格代表"罗马人"。主教则答说，在法兰克说"罗马人"这个词是一种侮辱[②]。

法兰克与罗马分离的意愿，最明确地体现在法兰克的史书中。

在罗马帝国的黄金年代，罗马编年史是"百川归海"，虽有不同王国与诸多族群的源流，但最终汇入罗马世界，"上帝的计划"在罗马帝国实现。而在哥特与法兰克的自行编史中，却强调本族的独立来源，把罗马从历史中剔除出

[①] 参见 [法兰克] 艾因哈德：《查理大帝传》，戚国淦译，商务印书馆 1979 年版，第 30 页。

[②] 利乌特普朗回击说，在他们那里，"罗马人"这个词才是一种侮辱。作为罗慕路斯的后代，他们是弑兄者的后裔，是通奸的产物。他们在罗马聚集了无力偿还债的流氓、逃跑的奴隶、杀人犯和犯下死罪的人。参见 Reimitz, History, Frankish Identity, pp. 199–212。

去，蛮族对西部行省的"武力侵占"变成了"天然继承"。这种"造史运动"在法兰克《弗兰德加编年史》中达到顶峰——"罗马秩序"甚至从未存在过，"罗马世界"从开端就是一系列族群和王国的平行发展，而且最终也没有汇入罗马帝国。罗马人，只不过是诸多族群中的一个而已。

完成这个转变的工具，就是"种族性"（gens）这一概念①。"种族性"增强了日耳曼人的自我认同，以此将日耳曼世界从曾经依附的罗马秩序中解放出来。"族群分治"成为了日耳曼世界的核心特征。

查理曼帝国是由不同的"族群集体"构成的。宫廷史家们将查理曼帝国刻画为法兰克人、巴伐利亚人、阿勒曼尼人、图灵根人、萨克森人、勃艮第人和阿奎丹人共同组成的联合体，共同之处只在一个基督教。欧洲的历史观由此从"一个罗马治世"走向"多族群分割世界"。

而五胡政权的史观却与蛮族史观完全不同。不是族群隔离的"瓜分天下"，而是族群融合的"混一天下"②。

在族群认同上，欧洲蛮族史力图彻底切割本族群与罗马

---

① "一个种族就是共享单一起源，并根据自身的类聚区分于另一种民族（na-tio）的一群人，例如'希腊种族'或'小亚细亚种族'……'种族'这个词因此源于家族的代际，也就是从'生育'（gignendo）得名，正如'民族'一词来源于'出生'（nascendo）。"参见王晴佳、李隆国：《断裂与转型：帝国之后的欧亚历史与史学》，上海古籍出版社2017年版，第290页。

② "世宗自克高平，常训兵讲武，思混一天下，及览其策，欣然听纳，由是平南之意益坚矣。"参见《旧五代史·世宗纪二》。

的关系，寻找自己族群遥远的始祖神话，证明自己是罗马世界的"外人"；而中国五胡史书都试图论证部族起源与华夏有着千丝万缕的关系，绝大部分五胡君主都想从地缘血缘上自证为炎黄后裔，是华夏的亲人①。

在族群治理上，欧洲蛮族通过法律设置人为区隔，决不实行族群混居。而五胡政权从来提倡多族群混居。两汉时的游牧族群尚由酋长与汉廷官吏双重管理，而五胡自己发展出的人口政策，则是更彻底的大迁徙、大融合、大编户。五胡政权大规模移民竟达 50 余次②，动辄百万，且都是在核心区域③。北魏更彻底，直接喊出了"离散诸部，分土定居"的口号，打破部族酋长制，实行编户齐民。

在世界观上，欧洲蛮族史观坚持"种族"身份决定文明身份；而中国五胡史观则强调文明身份不由种族而由德行决

---

① 刘渊是"汉氏之甥"——因为汉匈和亲（刘曜改称"出自夏后"——《史记》说匈奴是夏人之后），慕容氏是"昔高辛氏游于海滨，留少子厌越以君北夷"，苻氏是"有扈之苗裔，世为西戎酋长"，姚氏是"禹封舜少子于西戎，世为羌酋"，拓跋氏是"昌意少子，受封北土"，宇文氏系"炎帝为黄帝所灭，子孙遁居朔野"。参见相关《晋书》"载记"、《北史》"本纪"。

② 参见村元佑：《中国经济史研究》，东洋史研究会 1968 年版，第 96—99 页。

③ 匈奴之刘汉，迁徙了 63 万户汉、氐、羌人到首都（平阳、长安）；羯人之后赵，迁徙了几百万汉、乌桓、鲜卑、巴、氐、羌等人口，安置在各个政治军事重镇；鲜卑之前燕，迁移了段氏、高句丽、宇文部、夫余、羯人，人口倍增至千万。氐人之前秦，把远方的鲜卑、乌桓、丁零等族迁至根据地关中，又将关中氐族 15 万户迁至关东"散居方镇"；羌人之后秦则将各地流人及雍、凉等边地人口迁往关中，达百万余口。详见《晋书》相关"载记"。

定。五胡君主们最爱援引孟子那句"舜是东夷之人，文王是西夷之人，只要德行福泽中国，都是中国的圣人"①，据此宣称，"帝业无常，唯德所授"。

在统一问题上，欧洲蛮族史观认为罗马世界不应当是统一的，应当由多个种族分而治之。中国五胡史观则认为中华天下应当是统一的，不能分治，不管哪个族群当道，都把大一统当成政治终极目标。

在政统建构上，欧洲蛮族史观并不热衷继承西罗马帝国遗产，更不去与东罗马争夺正统。中国五胡史观则用各种方法将政权置于中华王朝的正统序列之中，年年与南朝争正统。

经 300 年不停歇地混居融合，胡汉族群最终形成了新的民族共同体——隋人与唐人。今日北方中国人，其血脉都是胡汉融合，即便是汉人也是商周时诸夏与周边各族群融合成的大族群。在这样的大融合中，不是谁同化谁，而是多方的互化。政权旋生旋灭，族群旋起旋落，由于任何族群上台都坚持混居融合政策，"汉人"数量也就越融越多了。由此又回到一个老问题，汉族血统基因当以哪朝为标准？因为中华民族大规模交融史早在 2000 年前就开始了。

不理解这样的史观，就不会理解为什么五胡君主虽然习

———————

① "舜生于诸冯，迁于负夏，卒于鸣条，东夷之人也；文王生于岐周，卒于毕郢，西夷之人也。地之相去也千有余里，世之相后也千有余岁，得志行乎中国若合符节。先圣后圣，其揆一也。"参见《孟子·离娄下》。

俗上皆有祖风，但政治楷模却是汉人诸帝而不是自己的英雄祖先①。不理解这样的史观，就不能理解五胡为什么不肯像法兰克那样与罗马分离，不管是强大还是弱小，非要以"华夷大一统"为理想②。

如果说古日耳曼人习惯于"自由分居"，那么中华各族群则始终存有"天下之志"。伦巴第人面对东罗马皇帝的讥讽时，不过回嘴说，我们不稀罕当罗马人。可北魏人面对南朝的讥讽时，却回骂南朝为"岛夷"，称自己才是中华正统。因为北魏不仅据有中原，而且在文化上也有"移风易俗之典、礼乐宪章之盛"③。

这不是一句虚话。从东晋末年刘裕篡位开始，出现了南朝大批知识分子"北奔"的现象。北魏后期把洛阳营造为上百平方公里的"大城"，如饥似渴地吸纳南朝官制、衣冠礼乐、书画文学，并加以创新④。经学上贯通南北的大儒

---

① 石勒在言行上处处效仿刘邦。苻坚的榜样是超越"汉之二武"。古成诜鼓动姚苌起事以"汉、魏之兴也"为说辞（《晋书·姚苌载记》）。就连被权臣宇文护压制的周明帝宇文毓，也要用刘邦"大风歌"明志："还如过白水，更似入新丰""举杯延故老，今闻歌大风"。

② 石勒听人读史，听到郦食其劝刘邦分封六国之后而大惊，听到张良阻止才安心；北魏雄主道武帝宣称要成就《春秋》之义，大一统之美"（《魏书·太祖纪》）；节闵帝也说"惭为万国首""书轨一华戎"；赫连勃勃也以"四海未同，遗寇尚炽"而无可"谢责"，以复"大禹之业"立号为华夏之"夏"，以"统一天下，君临万邦"为寓意建立了首都"统万城"。

③ 参见《洛阳伽蓝记》卷二。

④ 例如，孝文帝吸收南朝官制，又把九品官阶析出正从上下30级；北朝书法既有"雄强浑穆"的魏碑，又吸收"二王"而催生刚柔并济之美。

明显多于南朝①。以至于 529 年，南朝陈庆之打进洛阳后，与北人交游舌战后叹息道，南人总以为"长江以北尽是夷狄"，现在才知道"衣冠士族并在中原"。北朝是"礼仪富盛，人物殷阜"，自己是"目所不识，口不能传"，所以"北人安可不重？"②不仅要在军事上取得胜利，还要在文化上融合创新。五胡这样的气概，是欧洲古日耳曼人不可想象的。

五胡成功了。北朝与南朝共同塑造了之后的隋唐文化。与汉朝文艺的朴拙简约相比，隋唐文艺更雄浑博大。北魏北齐和隋唐的石窟造像融合了犍陀罗艺术、笈多艺术与魏晋风度。隋唐的七部乐、九部乐，既有中原曲调（《清商伎》《文康伎》），也有北朝盛行的异域之乐（《高丽伎》《天竺伎》《安国伎》《龟兹伎》），琵琶本诞生于西域，亦成为唐人表述心曲之物。北亚风和波斯风并没有被视为"异质"文化，而是受到了所有中华族群的热爱③。

五胡是失去了自我，还是赢得了更大的自我？

不理解这样的"天下之志"，就会把"族群融合"误解

---

① 北朝"义疏"之学结合章句（北）与义理（南），如刘献之《三礼大义》、徐遵明《春秋义章》等。

② 参见《洛阳伽蓝记》卷二。

③ 以唐风做载体，这些来自北亚和西域的艺术传播到了整个东亚。北齐的《兰陵王入阵曲》，东渡日本成为雅乐，流传至今成为活化石；印度和西域流行的凹凸画法，在唐代被吴道子等画家汲取，并传到高丽和日本，奈良法隆寺的旧金堂壁画今犹可见。参见王镛主编：《中外美术交流史》，中国青年出版社 2013 年版，第 60 页。

为"族群同化",就会把"文化融合"误解为"文化挪用"。如果用欧洲民族主义狭窄范式来思考,就会永远在族群认同的政治文化里打转。

三、中西比较

(一) 自治与郡县

不同史观来自于不同文明。中国五胡弘扬了中华文明"合的逻辑",欧洲蛮族则放大了罗马文明"分的逻辑"。

罗马帝国虽有上层文官体系,但其本质仍是基层自治。之后的欧洲不管采纳何种政体,其国家治理框架都天然孕育着城市自治、族群自治、领主自治形态。从古希腊的城邦民主政治,到罗马帝国的自治城市;从中世纪早期城堡林立的封建王国,到中世纪晚期的意大利城市共和国(如威尼斯、热那亚);从按照"小共和国"方案建立的北美各州共和国,到欧洲按照"一族一国"模式建立的民族国家,都体现着"自治"。

不管什么时代,欧洲人的制度史观与价值认同中,基层自治都是核心密码。从塔西佗发现"蛮族人的自由",到孟德斯鸠盛赞蛮族独立分居的性格①,从基佐发现起源于盎格

_____

① 参见 [法] 孟德斯鸠:《论法的精神》,张雁深译,商务印书馆 1963 年版,第 241 页。

鲁－撒克逊人地方自治传统的代议制精神①，再到托克维尔考察的支撑美国民主的乡镇自治②，均如钱穆所言，"翻看一部欧洲史，看他们直从希腊以来，永远是分崩离析，各自立国，互不合作。虽面对大敌，危机在前，其各地区之不能融和相协，依然如故。……西方历史看似复杂而实单纯，其复杂在外面，而内里则单纯。……西方历史上之所谓英国人、法国人，只似一种化学单位。而中国历史上之中国人，则似化学上一种混合制剂"③。

与之相比，中国无论建立什么样的上层建筑，其国家治理的基础都是县乡两级基层政权④。正如芬纳所言，中国是

①　参见［法］弗朗索瓦·基佐：《欧洲代议制政府的历史起源》，张清津译，复旦大学出版社 2008 年版，第 240 页。

②　托克维尔指出，法制，尤其是民情能使一个民主国家保持自由。英裔美国人的法制和民情是使他们强大起来的特殊原因和决定性因素。而美国人最主要的民情是乡镇自治。"乡镇制度既限制着多数的专制，又使人民养成爱好自由的习惯和掌握行使自由的艺术。"参见［法］托克维尔：《论美国的民主》，董果良译，商务印书馆 2004 年版，第 356、332 页。

③　参见钱穆：《中国历史研究法》，九州出版社 2012 年版，第 113 页。

④　汉代时，地方的行政层级虽只有郡县两级，但县以下的基层政权体系非常完备。郡太守和县令均由中央派遣。县的辖区又被分成不同的乡、里，由"三老"统辖，但只负责教化，不负责社会管理，具体工作则由啬夫、有秩、游徼来完成。啬夫和有秩负责征税、组织劳役和司法，游徼是事实上的派出所所长。乡下设亭，由"亭长"管理，维持法律与秩序、管理驿站兼警察职能。亭下置"里"，由里正管理。参见［英］芬纳：《统治史（卷一）：古代的王权和帝国》，马百亮、王震译，华东师范大学出版社 2010 年版，第 332 页。

现代形式的官僚机构"发明者"①。从秦汉缔造大一统中央集权郡县制国家以来，基层政权建设就被纳入中央派遣与管理的文官体系之中。虽然历史上也曾有极短暂的封建割据，但大一统的中央集权郡县制一直是主流。尽管中国留有一点封建制变体，如没有政治实权的食邑制度，如基层的官绅合作制度，但这些都是有限自治，国家权力早已嵌入社会结构各个细胞之中，不存在欧洲式基层自治。

基层自治与基层政权，两套文明逻辑。

从罗马的眼光看秦汉，会认为中央集权的弱点在于牵一发而动全身，地方性叛乱容易蔓延成全国性暴乱。相比罗马历史上发生的叛乱都是地方性的（除了巴考底起义），这是基层自治的好处。芬纳就认为"威胁汉帝国生存的中国式农民起义，在罗马却从未发生过"②。

从秦汉的眼光看罗马，会奇怪罗马之后的欧洲因种族宗教引起的文明冲突竟能绵延千年。4至6世纪，打了6次拜占庭与波斯战争；7到11世纪，打了400年阿拉伯与拜占庭战争；8到15世纪，打了800年西班牙基督教与穆斯林的战争；10到13世纪，进行了9次十字军东征；13到15世纪，打了拜占庭抗击奥斯曼战争、苏格兰抗英战争；1455年到

---

① 参见［英］芬纳：《统治史（卷一）：古代的王权和帝国》，马百亮、王震译，华东师范大学出版社2010年版，第71—72页。

② 参见［英］芬纳：《统治史（卷一）：古代的王权和帝国》，马百亮、王震译，华东师范大学出版社2010年版，第348页。

1485 年，爆发了全欧洲都卷入的 30 年宗教战争，几乎没有一个世纪是民族与宗教真正和解的。可以说，在"文治"方面，中华文明领先于整个古代世界。即便认为"罗马自治"更优越的芬纳，也不得不承认"汉帝国不同于其他国家与帝国（特别是罗马），它蔑视军事荣耀。它是一个衷心地反对军国主义的帝国。它的特点在于'教化'，也就是中国人所说的'文'。这种宗教上的宽容以及对文明教化的倡导构成了帝国的光荣理想"①。

　　西方社会喜欢生存于"小共同体"里，从城邦政治到封建自治到小共和国再到美国乡村自治，最终演化成自由主义的个人权利至上。中国社会也有各种"小共同体"，例如家族、三老、乡绅和各种民间社团，但总还去追求一个"大共同体"，即"家国天下"。

　　西方诸多学者，如唐宁、查尔斯·蒂利、麦克尼尔和迈克尔·曼等都自信满满地认为，西方中世纪的分与乱，反而带来了进步。因为发生在前现代欧洲的一系列战争打出了欧洲的常备军，打出了欧洲的理性化官僚制，打出了欧洲现代民族国家与工业资本主义。②这种低烈度的、持续数百年的、

---

① 参见［英］芬纳：《统治史（卷一）：古代的王权和帝国》，马百亮、王震译，华东师范大学出版社 2010 年版，第 350 页。

② 比如，英法两国在百年战争（公元 1337—1453 年）的推动下同时产生了隶属于国王的常规军和对百姓的直接税收能力），但是在贵族、教廷和城市中产阶级多重力量的钳制下，欧洲的国家力量始终不能得到中国式的发展。参见赵鼎新：《中国大一统的历史根源》，《文化纵横》2009 年第 6 期。

很难把彼此一次性消灭的局部战争，使得战败的一方可以不断总结经验，推动了技术的积累性发展。封建社会的分裂性与阶级性有利于商业资本的产生，出现商业控制的独立城市，会更容易走向资本主义。这种封建制、弱国家、多国竞争体系，是近代欧洲超越所有古老文明的原因。

言外之意，中国太统一，没有千年的局部战争与多元竞争体系；中国太集权，没有世袭贵族和商人控制的自治城市，因而无法产生工业资本主义。因此，"大一统"反成为历史进步的障碍。但若要问中国人，愿不愿忍受一千年的"战国丛林"和"族教冲突"，去换原始资本主义的诞生？主流答案一定是否定的。中国春秋时期就是多国竞争和分封制度。秦之所以能逆流而上统一六国，汉之所以在"暴秦"舆论下还坚持"承秦制"，正是因为战国300年的超大规模战争让民间达成了"天下共苦战斗不息，以有侯王"的共识。中国不是没经历这个阶段，而是经历过并抛弃了这个阶段。所谓的"常备军"与"理性官僚体制"，中国秦汉时就有了，比欧洲早1800年。对中华文明现代转型的真正考验，是在维系大一统的基础上，如何能同时实现秩序与自由，如何能同时兼具"大共同体"与"小共同体"制度之美，这是比西方多元自由主义更高的标准。

（二）华夏与内亚

西方中心主义者们常以罗马与法兰克为样本来理解其他

文明。如法兰克的"复合性君权",说查理曼大帝"法兰克王与伦巴德王"的族长身份是主要的,而罗马皇帝身份是第二位的。查理曼帝国是多民族的联合体。只要皇帝下诏,就可以分为意大利、法国和德国。某些学者将这种范式转移到中国。如美国的新清史学者声称清朝皇帝也是复合型君权,清朝皇帝身兼满族人族长、汉族人皇帝、蒙古人的可汗、藏传佛教文殊菩萨化身等多重身份于一体。中原、东北、蒙古、西藏的统一全靠着皇帝的"多重身份"作为唯一连接,一旦清朝皇室崩解,各族就可以各奔自由。这完全无视满蒙藏与中原的治理系统。清朝在东北以变通的方式推行郡县制,在城市中也很快取消满汉隔离政策。即便一时是族内治权,最终也过渡到郡县制,如蒙古的盟旗制和南方的改土归流。中国胡人族群的君主对自己身份的理解首先是中国皇帝而不是族长,象征着统治不分胡汉所有中国人的合法性。

西方一些学者还用"文化符号"与"身份认同"来解读中国历史。将新疆、西藏、蒙古乃至东三省划分为"内陆亚洲"(inner Asia),热衷于从北魏到辽金元清等北方族群建立的政权中寻找来自于"内亚"的文化认同,并将其分为"渗透王朝"和"征服王朝"。他们根据一些北方族群特有的风俗仪轨来断定这些王朝的内亚性。如高欢让北魏皇帝在七人抬举的"黑毡"上继位的"代北旧制";如蒙古保留的斡耳朵祭祖与行国、行殿风俗;如清朝盛行的萨满跳神、"立杆大祭"之类的草原祭天仪式。这是没有搞清"礼俗"与"政道"的区别。中华文明的核心不是礼仪、风俗、艺术和生活习惯，而在于用什么样的基本制度来建构政治。来自北方族群的天子，不管是坐在黑毡上即位，还是在郊礼上即位；不管戴冠冕还是留辫子；不管信萨满还是信佛道，只要实行儒法大一统而不是分治天下，只要运用郡县文官制而不是用部落神权制，只要视民如一而不是搞族群等差，就是中国的天子。

高欢虽以鲜卑旧礼立新皇，但却在官制和法律上继续"汉化"，北齐律最终演化为隋唐律，北齐通过考试选拔官员的规模远超南朝。

西辽耶律大石败退至中亚和新疆，建立喀喇契丹，称自己为"葛尔汗"。当时中亚都实行"伊克塔"分封制①。但耶律大石取消了伊克塔，将中原王朝的制度移植过来。在行政上实行中央集权，在直辖领地实行文官制（沙黑纳制度）②，

---

① 参见［苏］巴托尔德：《中亚历史》上册，张丽译，兰州大学出版社 2013 年版，第 138 页。
② 在直辖领地，西辽都派驻了象征汗权的沙黑纳。这是保持地方稳定的社会管理制度。沙黑纳既是地方长官，也是管理机构，拥有一定规模的军事力量，负责处理地方政务和征收赋税。建立官制的情况，《辽史·西辽始末》有明确记载，在北庭大会七州十八部后，耶律大石建立了自己的官僚体系。从其大臣的职务名称"六院司""招讨使""枢密使"等来看，西辽的官制是对辽北南面官制度的沿袭，是中央集权和属国制度在西辽的延续。

将兵权收归中央①，将汉字作为官方文字②。税收只向每户征收一个"第纳尔"，巴托尔德认为这就是中国的什一税。因为西辽的缘故，俄罗斯和中亚至今还以"契丹"（**Китай**）指称中国。

元朝是中央集权政制，中央置中书省总理政务，地方设"行中书省"。文化上虽然各宗教并举，但政治上仍以儒法治国。其他三大蒙古汗国都是分封制，而忽必烈自 1271 年取《易经》"大哉乾元"改国号为"大元"后，就蜕变为中原王朝。元朝历代皇帝无不学儒尊孔，官僚汉制随之建立，用上了尊号、庙号、谥号等汉式名称，辅以都城、宫阙、朝仪、印玺、避讳等汉式典制③。

清代的政治建构更不用说了，所有理论资源与制度安排都来自于中华文明④。

草原族群建立的王朝那些风俗仪式不能说明什么。改变

---

① 参见〔苏〕巴托尔德：《中亚历史》上册，张丽译，兰州大学出版社 2013 年版，第 49 页。

② 吉尔吉斯斯坦近年出土了四枚西辽铜钱，形制如唐钱，印有"续兴元宝"的汉字。

③ 参见张帆：《论蒙元王朝的"家天下"政治特征》，《北大史学》2001 年第 1 期。

④ 宣称复三代之治，在曲阜三跪九叩祭孔（康熙），积极学习儒家经典，掌握解经权，重构夷夏之辨，强调有德者为天下君，以"礼仪"而非"种族"别内外；多次南巡（康熙和乾隆）、赴明孝陵以三跪九叩大礼祭奠明太祖（康熙），安抚和笼络江南士人；在上层倡导孝道，在基层使乡约、宗族等组织重新趋于制度化。参见杨念群：《何处是"江南"?》，生活·读书·新知三联书店 2010 年版。

国家性质主要看治理体系。查理曼接受了"神圣罗马"加冕，也没有让加洛林王朝变成"罗马"，因为法兰克的治理体系不是罗马。相反，清朝剃发易服，理所当然也还是中国，因为它的治理体系就是中国。

"华夏"与"内亚"，从来是"你中有我""我中有你"。向前说，夏商周三代之中即有"内亚"。陕西石峁遗址出土了有很强欧亚草原风格的石雕人像和石城。殷墟的墓葬出土了大量受草原族群风格影响的青铜器①。甘肃礼县的秦公大墓显示，秦人族群中混合着大量羌人和氐人。向后说，号称"最后一个汉人王朝"的明朝，实际蕴含着大量蒙古遗风。朱元璋诏书的语言风格就是元代的硬译公牍文体。明代皇帝也兼有草原可汗、藏人文殊菩萨和转轮圣王、伊斯兰教庇护者几种身份②，甚至连"明代汉服"也有元风③。

2015年西汉海昏侯（废帝刘贺）墓出土了大量受匈奴文化影响的黄金陪葬与扭身羊纹饰的错金青铜马饰④；2019年蒙古国高勒毛都匈奴王墓出土的鎏金银龙却是经典的"西汉

---

① 典型的北方草原青铜器，有环首刀、兽首刀、铃首刀、铃首剑、銎纳斧、弓形车马器等等。参见何毓灵：《殷墟"外来文化因素"研究》，《中原文物》2020年第2期。

② 钟焓：《简析明帝国的内亚性：以与清朝的类比为中心》，《中国史研究动态》2016年第5期。

③ 罗玮：《明代的蒙元服饰遗存初探》，《首都师范大学学报（社会科学版）》2010年第2期。

④ 马饰中的"当卢"上，有翻转身体张望的独角羊，更是欧亚草原经典图案，与匈奴大墓中的马饰高度相似。

45

之龙"形态。长城外的引弓之民与长城内的冠带之室，究竟是纯然陌生的他者，还是共享文明的近亲？

用种族、宗教、风俗、神话去划分世界，是西方文明的习惯。因为在他们的历史中，现代文官体制出现很晚，也少有政治整合社会的传统。近年西方强化"文化符号"和"身份政治"，给自己也带来了"部落政治"的分裂后果。福山反思说，"民主社会正断裂为按照日益狭窄的身份划分的碎片，这条路只会导致国家崩溃，以失败告终"。他呼吁一种"信条式国家身份"的国族认同，"这种认同不是建立在共同的个人特征、生活经验、历史纽带或宗教信仰上，而是围绕核心价值和信念建立的。这种观念的目的在于鼓励公民认同于他们国家的根本理念，并利用公共政策有意识地融合新成员"①。

（三）夷夏之辨与中华无外

夷夏之辨，千载不休，至今仍引发"何为中国"的讨论。很多辩论者只搬出史书上的"只言片语"来争吵，没有顾及历史的完整。

最初的"夷夏之辨"来自《春秋公羊传》"南夷与北狄交，中国不绝若线"②。"北狄"是指导致齐桓公第一次尊王攘夷的

---

① 参见 Francis Fukuyama, *Against Identity Politics: The New Tribalism and the Crisis of Democracy*, Foreign Affairs, 2018, Vol.97, No.5.
② 参见《春秋公羊传·僖公四年》。

"白狄","南夷"是指楚国。可到了战国,特别是到了秦汉,曾经的"华"与"夷"都变成了"编户齐民",天下皆行王法,没有族群之别。

第二次"华夷之辨"的高峰是南北朝,互称夷狄就是为争一个正统。到了唐朝,"华夷之辨"弱化了。唐太宗说,"自古皆贵中华,贱夷狄,朕独爱之如一"。朝廷内外全是各族精英。之后的"安史之乱"是藩镇坐大而非民族问题。

第三次高峰是宋朝。宋朝的经济文化达到巅峰,却无力统一。面对辽金和西夏的军事强势①,宋朝只好自我固化来区分高低,真宗自导自演了天书封禅,士大夫也高扬"华夷之辨"②。实则辽夏金全都吸收了汉文明,南北全都说同一种话。到了元朝,"华夷之辨"又淡了下来。所谓的"四等人制"至今仍存争议。

第四次高峰是明朝中期。明初,朱元璋以反元复汉为号召,而一旦立国便立即承认元朝入主中原是"天命",宣扬天下一统,"华夷无间,姓氏虽异,抚字如一",将忽必烈列入历代帝王庙与三皇五帝、两汉唐宋开国之君一同祭祀。只是在土木堡之变英宗被俘后,明朝自尊心大受挫伤,才将忽

① 如979年宋太宗伐北汉说:"若北朝不援,和约如旧,不然则战。"参见《辽史·景宗纪下》。

② 如程颐说"圣人恐人之入夷狄也,故《春秋》之法极谨严"。以陆游、辛弃疾为代表的南宋诗词往往斥北方为"胡虏""腥膻"等。参见邱濬:《大学衍义补》卷75。

必烈撤出庙外。

第五次高峰是"明清易代"。自从康熙拜孔子后，历届清帝都彻底推行了汉文明。"华夷之辨"再度消解。

夷夏之别以文化制度论。只要接受中华道统、法统、政统就可以得到天命，因为天下无外。"华夷之辨"的强弱，取决于国家的统与分。凡是分裂之世，各个族群都在"互称夷狄"；凡是统一王朝，当政者都致力于消融"华夷之辨"。

罗马也曾如此。

罗马帝国鼎盛时的哲学是"世界主义"。4世纪之前，罗马史家们对"蛮族"不乏称赞之辞，如塔西佗就称赞日耳曼人民主、尚武、天性纯朴等"优良的风俗习惯"。罗马帝国中期以后的多位皇帝，都拥有"蛮族血统"，如马克西米努斯、菲利普、克劳狄二世。帝国多位名将也出身于"蛮族"，如盖依纳斯、索尔、巴库里乌斯、埃提乌斯与奥维达，甚至连抵抗西哥特入侵的罗马名将斯提里科还是汪达尔人。4世纪以后，帝国分裂，罗马人充满怨恨①。6世纪有史家骂君士坦丁大帝是帝国衰亡的祸首，原因就是引进大量蛮族。而蛮

---

① "哥特人烧杀劫掠，所到之处一片狼藉。他们见人就杀，不分男女老少，连襁褓中的婴儿都不放过。女人们眼睁睁地看着自己的丈夫被杀，然后被他们掳走。幼年和成年男子被生生地从父母的尸体边拽开，强行带走。许多老人被双手反绑，流放他乡，对着化为灰烬的祖居泪如泉涌。他们悲叹自己幸存下来，却失去了财产和女人。"参见 [英] 彼得·希瑟：《罗马帝国的陨落》，向俊译，中信出版集团2016年版，第200页。

族人也开始论证"英雄自有来处"。如狄奥多里克在晚年被波爱修斯背叛后,便授意宫廷史家写作《哥特人史》,强调自己的家族连续 17 代的辉煌历史①。

每个文明的内部,都有共同性和差异性。当共同体分裂时,各个政治中心为了划定边界、巩固自我,都势必夸大差异,贬低共同,直至变成永久的分裂。即便有相同的祖先、语言、记忆、信仰,只要存在政治多中心的竞争,必然产生这一悲剧。教派分裂,族群瓦解,莫不如此。

政治统一乃是文化多元存在的基础。政治一体越巩固,多元文化反可以尽情伸张个性;政治一体越脆弱,多元文化越会彼此互搏而最终消亡。一体与多元,并非此消彼长而是同弱同强。不理解一体与多元的辩证关系,就会既分割了世界也搞乱了自己。

四、结篇

(一) 母体的回归

一体与多元的概念,曾纠葛于上世纪中国两大学者。

第一个是顾颉刚。新文化运动造就了一批刚猛的激进者,顾颉刚算一号。1923 年,这位 30 岁的苏州青年,猛烈

---

①　参见 [英] 彼得·希瑟:《罗马的复辟》,马百亮译,中信出版集团 2020年版,第 5 页。

抨击三皇五帝，认为上古史是儒家一层层"垒造"而成①。他主张用实证的方法审查一切，谁要想证明夏、商、周的存在，就必须拿出夏、商、周三代的证据。他用社会学、考古学方法在古籍间相互对照，"敢于打倒'经'和'传''记'中的一切偶像"②。这个运动发展到极致，就是"夏禹是条虫"。胡适对此大加赞扬，"宁疑古而失之，不可信古而失之"。

运用这种方法，他提出要否定"民族出于一元""地域向来一统"。他认为，古代"只是认定一个民族有一个民族的始祖，并没有许多民族公认的始祖""原是各有各的始祖，何尝要求统一"！③"疑古论"一出，思想界地动山摇，瓦解了历史，就瓦解了"中国认同"。但顾颉刚不以为意。在他的眼里，只有这样一种全新的方法，才能将腐朽的 2000 年知识谱系予以再造。他和新文化运动的先锋人物们一样，都

①　"层累"说的根本之点是："时代愈后，传说的古史期愈长"；或曰："时代越后，知道的古史越前；文籍越无征，知道的古史越多"。按照顾颉刚的观点，古史的顺序恰恰反过来：盘古最晚出现却辈分最高、资格最老（是创世始祖），三皇（天皇、地皇、泰皇）次之，黄帝、神农再次，尧舜更次，禹的辈分最小。例如，"禹"最早见于西周，"尧舜"出现于春秋，"黄帝""神农"出现于战国，"三皇"出现于秦代，"盘古"出现于汉代。

②　参见顾颉刚：《我是怎样编起〈古史辨〉来》，《古史辨》第一册，上海古籍出版社 1981 年版，第 12 页。

③　1923 年 5 月，顾颉刚发表《与钱玄同先生论古史书》一文提出上述观点，但他也同样指出，"自从春秋以来，大国攻灭小国多了，疆界日益大，民族日益并合，种族观念渐淡而一统观念渐强，于是许多民族的始祖的传说亦渐渐归到一条线上"。参见《顾颉刚全集·顾颉刚古史论文集》（卷一），中华书局 2010 年版，第 202 页。

奋力于创造一个崭新的中国。

然而，最早质疑中国上古史的，不是顾颉刚，是"二战"前的日本东洋史学家们①。20世纪初，这些史家以东方民族的眼光叙述东亚文明的兴衰、民族间的此消彼长与邦国兴亡。其代表人物白鸟库吉用实证史学方法提出，尧舜禹并不真正存在，不过是后世儒家杜撰出的"偶像"。本来就受乾嘉考据精神影响的顾颉刚深深服膺白鸟库吉，也高喊"打倒上古史"。

但这批所谓的东洋史大师一面搞学术创新，一面却发展出一套完整的"以种族解构中国"的理论，如"汉地十八省"论、"长城以北非中国"论、"满蒙藏回非中国"论，"中国无国境论""清朝非国家论""异民族征服乃幸福论"等。这成为今天美国"新清史"观的前身，也是李登辉等独派们的依据。东洋史大师们还认为，魏晋南北朝以后，"古汉人"已然衰败，而满蒙民族又有妄自尊大的"夷狄病"。只有日本，集合了北方民族勇武精神与南方汉人精致文化的优点，是拯救东亚文明之弊的"文明终点"。而日本文化是在中国文化刺激下成长起来的子系统，具有承接中华文明的资格，中华文明的中心将转移到日本。

顾颉刚们警醒了。面对"九一八"的战火硝烟，曾经倾

① "所谓东洋史，主要是阐明东方亚洲的民族盛衰、邦国兴亡的一般历史，与西洋史并立，构成了世界史的一半。"参见〔日〕桑原骘藏：《中等东洋史》，《桑原骘藏全集》（第四卷），第17页。

心于东洋史学的他，终于明白了学术与政治的关系。

1938 年，他目睹日本在西南继续挑动泰语和缅语族的独立，又受到傅斯年的精神撼动 ①，终于否定了自己的成名理论。病中的他在 1939 年 2 月 9 日，扶杖到桌案前写下了《中华民族是一个》②。他反对使用"民族"来界定国内各族群，建议改用"文化团体"，因为"自古以来的中国人本只有文化的观念而没有种族的观念"。实际上，顾颉刚在这里提出了"国族"的概念，即"同属一个政府统治下的人民"属于同一的国族，即中华民族。

他拿自己的出身举例，"我姓顾，是江南的旧族，想来总没有人不承认我是中国人或汉人的了；但我家在周秦时还是断发文身的百越之一，那时住在闽浙的海边，不与中国通，实在算不得中国人。自从我们的祖先东瓯王心向汉朝，请求汉武帝把他的人民迁到江淮之间……我们再不能说我们

———————————

① 傅斯年在信中说："现在日本人在暹罗宣传桂、滇为掸族故居，而鼓动其收复失地。某国人又在缅甸拉拢国界内之土司，近更收纳华工，志不在小。在这种情况之下，我们决不能滥用'民族'二字以召分裂之祸。'中华民族是一个'，这是信念，也是事实。我们务当于短期中使边方人民贯彻其中华民族的意识，斯为正图。夷汉是一家，大可以汉族历史为证。即如我辈，北方人谁敢保证其无胡人的血统，南方人谁敢保证其无百越、黎、苗的血统。今日之西南，实即千年前之江南、巴、粤耳。此非曲学也。"参见顾颉刚：《中华民族是一个》，《益世报·边疆周刊》第 9 期，1939 年 2 月 9 日。

② "自九一八以来久已有和我这位老友（傅斯年）完全一致的意见藏在心里。"参见顾颉刚：《中华民族是一个》，《益世报·边疆周刊》第 9 期，1939 年 2 月 9 日。

是'越民族'而不是中华民族的一员了"。

一贯认为"三代续统"是后儒编造的他，开始论证商周之转化，"连商王的后裔孔子也要说，'周监于二代，郁郁乎文哉，吾从周'了。他并不想说'你们是周民族，我们是商民族，我们应当记着周公东征的旧恨'；他却爱慕周公到极度，常常梦见周公。""试想这都是何等的气度，那里存着丝毫窄隘的种族观念"①！

《中华民族是一个》发表后，引起了一场著名讨论，质疑者是一个更年轻的人类学与民族学者费孝通。他时年29岁，和顾颉刚是苏州老乡，刚从英国留学归来。

费孝通认为"民族"是根据文化、语言、体质的分歧而形成的团体，是科学概念。中国国内确存在不同的民族，这是客观事实，不必为了谋求政治上的统一而刻意去消除各族的界限，不用担心敌人使用"民族"概念与喊出"民族自决"来分化中国。他强调，"文化、语言、体质相同的人民不必是属于一个国家"，"一个国家都不必是一个文化、语言团体"②，因为民国的现实正是多政治中心，中国历史上也有多个政权分立的时期。

听到这些，顾颉刚虽缠绵病榻，却如"骨鲠在喉"，又

---

① 参见顾颉刚：《中华民族是一个》，《益世报·边疆周刊》第9期，1939年2月9日。

② 参见费孝通：《关于民族问题的讨论》，《益世报·边疆周刊》第19期，1939年5月1日。

爬起来写了《续论"中华民族是一个"》，反驳说，中华民族的"国族性"是足够强大的，"分化"是"不自然的局面"。只要分裂的武力稍弱一点，人民就会自发结束分化局面。如果"长久分立"有天然的安定性，则中国早就支离破碎而不成为一个民族了①。他在文末甚至怒吼道——"等着罢，到日军退出中国的时候，我们就可以见一见东北四省和其他沦陷区的人民是怎样的给我们一个好例子了"②！

对于前辈的病怒，费孝通沉默了，没有再做回答。"中华民族到底是一个还是多个"，成为一桩没有结论的公案。

41 年后，顾颉刚去世（1980 年），时年 87 岁。又过了 8 年（1988 年），78 岁的费孝通发表了题为"中华民族的多元一体格局"的长篇演讲。他承认存在"中华民族"这样一个自在实体。他说，"中华民族作为一个自觉的民族实体，是近百年来中国和西方列强对抗中出现的，但作为一个自在的民族实体则是几千年的历史过程所形成的。它的主流是由许许多多分散孤立存在的民族单位，经过接触、混杂、联结和融合，同时也有分裂和消亡，形成一个你来我去、我来你

---

① "中华民族早达到充分的 nationhood（国族），政治的力量甚大，所以阻碍统一的武力稍稍衰微时，人民则可起来，打倒这分化的不自然的局面。假使不然，可以长久分立又有其安定性，则中国早就支离破碎而不成其为一个民族了。这也足以表现中华民族的力量远在各个地方政府之上。"顾颉刚：《续论"中华民族是一个"：答费孝通先生》，《益世报·边疆周刊》第 23 期，1939 年 5 月 29 日。

② 参见顾颉刚：《续论"中华民族是一个"：答费孝通先生》，《益世报·边疆周刊》第 23 期，1939 年 5 月 29 日。

去，我中有你、你中有我，而又各具个性的多元统一体"①。

又过了 5 年，费孝通回到苏州老家参加顾颉刚纪念会，第一次对 60 多年前的公案做出回应——"后来我明白了顾先生是基于爱国热情，针对当时日本帝国主义在东北成立'满洲国'，又在内蒙古煽动分裂，所以义愤填胸，极力反对利用'民族'来分裂我国的侵略行为。他的政治立场我是完全拥护的"②。

有批评者认为，费孝通的"多元一体"理论不过是在"一个"与"多个"之间找了一种折中的、弥合的"政治性说法"。但费孝通认为，根本问题在于，用西方的民族概念是无法来描述"中国的民族"的。"我们不应该简单地抄袭西方现存的概念来讲中国的事实。民族是属于历史范畴的概念。中国民族的实质取决于中国悠久的历史，如果硬套西方有关民族的概念，很多地方就不能自圆其说。"③

费孝通还对自己晚年的转变解释说，"我在曲阜孔林兜圈时，突然意识到孔子不就是搞多元一体这个秩序吗？而他在中国成功了，形成了一个庞大的中华民族。中国为什么没有出现捷克斯洛伐克和苏联那种分裂局面，是因为中国人有中国人的心态"。

---

① 参见费孝通：《中华民族的多元一体格局》，《北京大学学报（哲学社会科学版）》1989 年第 4 期。
② 参见费孝通：《顾颉刚先生百年祭》，《读书》1993 第 11 期。
③ 参见费孝通：《顾颉刚先生百年祭》，《读书》1993 第 11 期。

顾颉刚与费孝通的纠结，反映出近代中国知识分子的共同心路——既渴望用西方概念来改造中国的知识传统，却发现西方经验无法概括自身文明；既渴望独立于政治的西方学术，又发现西方的学术从来离不开政治。最后，他们都回归到中华文明母体。

（二）他人的视角

一个多世纪以来，中国丧失了政治与文化话语权，"历史中国"都是由西洋和东洋来书写。兄弟手足对彼此的认知，都是由外来学术框架去塑造。

比如，有大汉族主义观点认为"崖山之后无中国""明亡之后无华夏"；有狭隘民族主义观点则认为"满蒙回藏非中国"。这都是当年"东洋史"的遗毒。

比如，有些史家试图用"意识形态"来对标西洋史。当西方说"大一统"是专制原罪时，他们就将"专制"归罪于元清两朝。说汉唐宋本来是"皇帝与士大夫共治天下"的"开明专制"，离西方不算远，结果被游牧民族的"主奴观念"改造成了"野蛮专制"，明朝的高度集权是元朝军事制度的残余。中国没产生资本主义是因为被清朝断了萌芽，得出如此结论，是因为他们没深入研究中国未能诞生资本主义的内在逻辑。

又比如，当西方认为中国因缺少"自由传统"没有发展出所谓的民主制度时，有些史家就开始论证，"农耕文明"

代表专制，"游牧文明"代表自由。如果元朝不被明朝推翻，那中国早在 13 世纪就有了一个商业与律法之上的社会形态。在孟德斯鸠笔下，同样是征服，哥特人传播的是"自由"，而鞑靼（蒙古）人传播的是"专制"（《论法的精神》）①。在黑格尔笔下，日耳曼人知道全部的自由，希腊罗马人知道部分的自由，而全体东方人不知道任何自由（《历史哲学》）②。

这些纷争与攻讦，都来自于我们总是用其他文明的眼光来看待自己；而其他文明的眼光，固然有多元思维的益处，却也经常受制于国际政治的裹挟。过去如此，未来亦是如此。

中华文明并非没有过"种族"观念，但另有一股更强大的"天下"精神将其超越。隋朝大隐士王通，教出了初唐几乎整个将相集团。他身为汉人，却说中国之正统，不在汉人之南朝，而在鲜卑之孝文帝③。因为孝文帝"居先王之国，受先王之道，子先王之民"④。此为真正的天下精神。

其他族群亦如此。

藏族与蒙古族信奉佛教，无论藏传汉传，都有"消除分

---

① "鞑靼人在被征服的国家里建立奴隶制和专制主义；哥特人在征服罗马帝国之后，到处建立君主政体和自由。"参见孟德斯鸠：《论法的精神》（上册），张雁深译，商务印书馆 1959 年版，第 331 页。
② 参见黑格尔：《历史哲学》，王造时译，上海书店出版社 1999 年版，第 111 页。
③ 孝文之前，"中国无主，故正统在东晋及宋"；孝文之后，"中国有主，则正统归于后魏后周"。
④ 参见《元经》卷九。

别心"的教义①。中国穆斯林"伊儒汇通"传统中也有"西域圣人之道同于中国圣人之道。其立教本于正，知天地化生之理，通幽明死生之说，纲常伦理，食息起居，罔不有道，罔不畏天"②之训导。这种打破族群壁垒的天下精神，是中华文明的底色。一部中华民族史，是一部"天下精神"超越"族性自限"的历史。

中华民族融合中还充满着深沉情感。写于晚明的蒙古《黄金史》中说，永乐皇帝是元顺帝的遗腹子，通过靖难之役让明朝皇统又秘密回到了元朝，直到满人入关才结束"元的天命"；写于明初的《汉藏史集》中说，元朝是"蒙古人执掌了汉地大唐之朝政"③，宋末帝（蛮子合尊）并没有在崖山投海，而是前往西藏修习佛法，成为萨思迦派的高僧，最后转世为一位汉僧叫朱元璋，夺取了蒙古皇位，还生了一个面貌酷似蒙古人的儿子叫朱棣。用"轮回"与"因果"把宋元明三朝编排成"互为前生后世"，这不是正史，而是宗教野史传说，是当时的人们对大中华你我互有的朴素共识，是不同族群表达"命运共同体"情感的不同方式。这些情感，是仅凭外来理论描述中国的人难以理解的。

---

① 《梵问经》云："尽其所有一切观择，皆是分别。无分别者，即是菩提。"（宗喀巴：菩提道次广论），禅宗《信心铭》有"至道无难，惟嫌拣择"。

② 参见马注：《清真指南·自序》，《清真大典》第 16 卷，第 510 页。

③ 《汉藏史集》之"蒙古王统"一节中有称："阳土虎年，成吉思皇帝年三十三，依仗武力从木雅甲郭王之后做了唐之皇帝的一位名脱孜的国王手中夺取了王位，以蒙古人执持汉地唐之朝政达二十三年之久。"

深沉的情感才能产生深刻的理解，深刻的理解才能完成真实的构建。最终，中华民族的故事还要由我们自己来写。

（三）自己的故事

中国东晋南北朝300年的故事，政权、人物、事件太多太杂，一看就乱，一乱就烦，是一段最难写清的历史。而中华民族重新塑造与中华文明转型升级的密码，恰恰蕴藏在这300年中。如果没耐心走进去看看、转转、站站，就难以找到自己的出处。

拿"三国演义"作例。这部书几百年来被人说烂了编烂了，无数版本无数遗迹。不爱史的年轻人以为，中国历史就这一部区区"三国"。实则"三国"也就60年，且是中国历史最落后的时段。中国人口在明朝晚期玉米、土豆没引进来时，一直是2000万到6000万间，可三国时人口竟降到1000万，书中那些动辄几十万大军之战全是演义。除了曹氏父子文治武功外，三国岂能与之后300年壮阔史诗相提并论。在那300年中，出现过好几次更大规模的"三国鼎立"。其中的政治局面之复杂，君臣将帅之智勇，兵员规模之宏大，历史影响之剧烈，更非"三国演义"能比拟。

一是东晋据江南，与匈奴刘氏汉赵、羯人石氏后赵三国鼎立；二是东晋与鲜卑慕容前燕、氐人前秦三国鼎立；三是东晋与羌人姚氏后秦、鲜卑慕容后燕三国鼎立；四是刘宋据江南，与匈奴赫连大夏、鲜卑拓跋北魏三国鼎立；五是齐梁据江南，与东魏、西魏三国鼎立；六是陈朝据江南，与高氏北齐、宇文氏北周三国鼎立。这里面改变历史的英雄故事数不胜数。有闻鸡起舞、中流击楫的刘琨与祖逖；有石勒与汉人军师张宾的"邺城对"；有前燕、前秦与东晋北伐争雄的几场大战；有王猛作为"苻坚之管仲"、慕容恪作为"前燕之霍光"、刘裕作为"司马德宗之曹操"①等几大英雄之大智大勇；有苻坚率百万大军渡江的气势（中国古代百万规模渡江唯此一例）及被杀前的从容；有崔浩如此功勋而被冤杀时几十个卫兵向他撒尿的惨景②。最具戏剧性的风云际会，是26岁的宇文泰扮作使臣，偷窥37岁正值巅峰的高欢那一幕。此时高欢霸业已成大半，宇文泰暗自思量，如高欢是真英雄就束手归降，如与我不分伯仲就再打到底。朝堂上，一边是宇文泰审视高欢半天后决意不降而飞速西返，一边是高欢看这使臣"小儿眼目异"而心有所感，发兵狂追不及。这一幕决定了历史③。高欢成北齐之祖，宇文泰成北周之祖，双方10年5场大战，涌现出一大批名将，如高敖曹、窦泰、王思政、韦孝宽等。跟着宇文泰的那批关陇将帅中，杨忠的儿子杨坚成了隋朝开国皇帝，李虎的孙子李渊成了唐朝开国皇帝，独

---

① 《魏书·崔浩传》："浩曰：'臣尝私论近世人物，不敢不上闻。若王猛之治国，苻坚之管仲也；慕容玄恭之辅少主，慕容昑之霍光也；刘裕之平逆乱，司马德宗之曹操也。'"

② 《魏书·崔浩传》："及浩幽执，置之槛内，送于城南，使卫士数十人溲其上，呼声嗷嗷，闻于行路。自宰司之被戮辱，未有如浩者。"

③ 《周书·文帝纪》《北史·周本纪上》。

孤信长女是北周明帝皇后，七女是隋帝皇后与杨广之母，四女是李渊之母李世民之祖母。而高欢这边的大将在他生前皆已凋谢，死后剩下一个只服他而不服其子的跛子侯景，仅带残兵八千南下，竟将少年英武老年佞佛的梁武帝活活饿死，倾覆了梁朝。

除了"帝王将相"的故事，还有"文人墨客"的故事。南朝的《子夜歌》，北朝的《木兰辞》，鲍照的边塞诗，陶渊明的田园诗，谢灵运的山水诗，共同孕育出唐诗。江淹的恨别二赋被李白反复摹写，庾信的《哀江南赋》被杜甫终生吟诵。王国维把"六朝之骈语"视为楚辞汉赋与唐诗宋词之间的"一代文学"①。更不用说萧统的《昭明文选》是中国最早的诗文总集，刘勰的《文心雕龙》是中国文学理论集大成，钟嵘的《诗品》是中国第一部诗学专著。

还有战火频仍中的佛教中国化故事。五胡入华大乱之际，西域胡僧佛图澄被石勒、石虎奉为国师，他用异能方术与因果学说不断劝二石效"王者"行"德化"②。后赵灭亡后，佛图澄弟子道安一路弘法南下襄阳，首次提出"不依国主则法事难立"，打破"沙门不敬王者"的教条③。苻坚为了迎取道安而出兵攻占襄阳，道安到长安后向苻坚推荐从未谋面的龟兹高僧鸠摩罗什。苻坚为鸠摩罗什打下西域，但大军刚将

---

① 王国维：《宋元戏曲史》，上海古籍出版社 1998 年版，"自序"。
② 《高僧传》卷九。
③ 《高僧传》卷五。

他接到半路，前秦灭亡，16年后后秦将他迎到长安当国师时，推荐他的道安早已圆寂。鸠摩罗什不忘东行初心，译经数百卷，为大乘中观佛学与中国古典哲学相通奠定基础。南北政权隔江分治，但南北佛教交流从未中断，道安的大弟子慧远南下庐山东林寺传法，慧远弟子道生又北上长安向鸠摩罗什求学。于此同时，建康的几大名僧亦很活跃。其中，法显从北朝长安越葱岭到印度取经，再经南洋海路回归南朝建康，历30国15年，一部佛国游记竟成南亚诸国史料的考据。不仅南北，自苻坚打通西域后，中印僧人你来我往，达摩也因此将禅宗带到中国。佛教各大学派主要在这300年中创立，经过多番曲折，他们初步理顺了佛教与政权的关系，从此确立了"政主教从"；初步理顺了佛教与父母的关系，从此因果与孝悌没有矛盾；初步理顺了佛学与中国哲学的关系，为日后禅学与理学的发展开启先声。

300年中的故事很多，最重要的故事还是中华民族胡汉一家的故事。我们是谁？是汉族人是蒙古族人是藏族人是维吾尔族人还是满族人？看了这300年就明白了什么叫中华民族，什么叫中华文明，什么是自己的身份认同与精神世界。希望中国年轻人多看看，希望文化人多看看，也希望西方人多看看。300年里的故事时而惊心动魄毛发俱张，时而凝神深思激越苍凉。

有一首歌叫《敕勒歌》。大家都听过哼过。有谁知道它竟诞生于一片刀山血海的战场之中？高欢与宇文泰打了10

年，败多胜少，最后一战在河东玉壁城下。546 年深秋，黄河呜咽，霜风肃杀。高欢 20 万大军连攻 50 日，死伤枕藉仍未奏功。一生智算无敌的高欢眼见得此生再也灭不了宇文泰，再也统不了天下，只能下令撤军。走时匆促，7 万阵亡将士尸体来不及安葬，只好聚填在一个大坑中。返回晋阳后，他强撑病体稳定军心，命将军斛律金领唱"敕勒川，阴山下。天似穹庐，笼盖四野。天苍苍，野茫茫，风吹草低见牛羊"。鲜卑语的唱词绕梁不绝，周围将帅臣僚全体合唱。想着 10 年间战死的数十万将士，看着自己一头白发万里河川，高欢潸然泪下。此歌由此流传①。与此同时，西边的宇文泰恢复了周礼所载的黄钟大吕与雅乐正音，还依周礼设置了六官与六学。30 年后，北周灭了北齐，开出了隋唐。

高欢是鲜卑化的汉人，宇文泰是汉化的匈奴人，他们都是这 300 年中华民族融合史中典型的中国人，他们打仗都不是为了族群利益而是为了统一天下。对这些，如果中国年轻人不去体悟坚守，如果西方年轻人不去了解理会，中西方文明就总隔着一层纸而说不透。如同那首《敕勒歌》，谁关心它的来历呢。

（本文曾发表于《中国民族》2021 年第 3 期）

---

① 《乐府诗集》引《乐府广题》："北齐神武攻周玉壁，士卒死者十四五，神武恚愤疾发。周王下令曰：'高欢鼠子，亲犯玉壁。剑弩一发，元凶自毙。'神武闻之，勉坐以安士众，悉引诸贵，使斛律金唱《敕勒》，神武自和之。其歌本鲜卑语，易为齐言，故其句长短不齐。"

引　言

中国文明和西方文明是影响巨大的世界文明的两大杰出代表，但双方的特点各不相同，所走过的历史道路也有很大差异，因此各有一些非常值得关注与比较的现象。例如，在人类的历史长河中，能够始终保持文明连续不断，且能不断推陈出新的，中国是公认的为数不多的特例。在长达五千多年的漫长历史中，中国文明及中华民族何以能经久不息？相比之下，西方文明的轨迹却有些不一样，从古典的希腊罗马文明，到欧洲中世纪基督教文明，再到近现代文明，每一个大的关口都有很明显的断裂色彩。再比如，中国在历史发展过程中逐渐形成了多元一体的统一中华民族，境内的各族群不断融合。相比之下，这种现象在西方文明的发展过程中却从来没出现过。在这个问题上，魏晋至隋唐时期的中国和同期的西方罗马世界被视为一大关键节点，对双方命运的走向影响重大。同样是在这个时期，中西面临着相似的历史处境，但最终的结果却大不相同。中国在分裂后再次统一，到唐代迎来了文明发展的新盛世。西方的罗马帝国则走向分裂，此后也没有出现真正意义上的统一帝国，而是形成众多的国家，这种局面一直持续到现在。近代以来，中西知识界尤其是史学界对这个问题有过一些研究，也有比较视角的思考，包括对中国魏晋南北朝时期与罗马帝国后期及其西部帝国灭亡后双方历史的比较分析，但还缺少系统深入的探讨，尤其是在民族关系方面。

19世纪以来，民族国家纷纷建立，成为近现代世界的一个重要特点。在这个背景下，民族意识不断高涨，族群间的差异被不断强化，最终导致民族主义的盛行，在20世纪酿成了两次世界大战，给人类带来了沉痛的灾难。第二次世界大战以后，学术界对民族主义现象进行历史的反思和批判，以免人类重蹈覆辙。尽管如此，极端的民族主义思潮仍然存在，族群间的冲突在最近的几十年里甚至有所高涨。21世纪以来，恐怖主义活动、难民问题等成为困扰世界发展的重要难题。在寻找这些问题的答案时，历史的经验和教训也是不容忽视的。也正是在这个背景下，20世纪末以来，民族问题成为学术界关注的热点，尤其是被视为西方民族起源时期的晚期古代（Late Antiquity）。从比较的角度思考中西的民族发展历程及构成特点，自然大有裨益。

此外，以"新清史"为代表的一些西方学术流派提出了认识中国历史及文明的新理论。该如何看待这些所谓的新观点？中国的学者该如何回答这些挑战？从比较角度对魏晋隋唐时期的中国和西罗马帝国灭亡前后欧洲的历史及民族关系进行研究，在当前国际新形势下，就显得尤其必要。中国文明生生不息、延绵不绝，支撑其历史连续发展的因素如何？欧洲历史走向分裂，其中的启示又如何？对这些问题进行研究，从历史中汲取经验，无疑有助于更好地服务于当前中国统一多民族国家的建设与和谐发展。

对于这个问题进行研究，不但可以深化对历史的认识，而且可以更好地认识当前的世界，为中国未来的发展提供历史借鉴。魏晋南北朝时期的中国虽然处在分裂和战乱中，但也是中国文明发展的重要时期，这个时期有继承，又有发展，汇合了新的民族和宗教，民族融合进一步加强，在思想文化领域取得了杰出成就，奠定了隋唐统一和繁荣的基础。这又与同期前后的西方历史形成鲜明对比。可以说，中华民族的复兴总是在继承与发展基础上实现的，并非无根之木，无源之水。当前，中国举国上下正在为中华民族的伟大复兴而努力奋斗。要更好地实现这个历史重任，实现可持续发展，也离不开优秀传统文化的滋养。通过比较中西这个时期的历史，分析双方民族关系发展的异同，从中发现中华文化复兴的内在文化机制和逻辑，阐发优秀传统文化的现当代内涵，更好地服务国家发展大局，其重要性亦自不待言。

基于此，本研究以魏晋至隋唐时期的中国和同期欧洲的罗马世界为研究对象，主要从宏观比较的角度探讨中西民族关系发展的异同，以深化对中西历史及文明发展特点的认识。具体而言，就是要分析为什么中华民族在危机中得以融合发展，并不断壮大，而在西方的罗马世界里，为什么历史和文明中断了，罗马人和蛮族也始终没有形成统一的民族。在具体写作中，主要遵循以下原则：

第一，本研究虽然着眼于民族融合，但并非仅就民族问题而论，而是希望在宏观的历史进程中审视民族问题。一方面，笔者认为，中西在民族融合方面表现出的特点并非孤立的现象，而是与各自历史和文明发展的结构特点关系密切，要放在大的结构中加以考察。另一方面，在古代世界里，现代意义上的学科分别和差异是不存在的，民族问题实际与政治、经济、文化等密不可分。本研究主要从政治、民族、文化三个大方面展开，经济和社会等暂不涉及。

第二，本研究的重点在于异同的分析而非过程的叙述。对于中西民族发展的历史，学术界已经有很多研究，基本线索和主要特点也大略完备。在这方面，赘述的意义不大，只在涉及的地方略作介绍。

第三，本研究虽然侧重族群关系，但无论中国的"五胡"，还是罗马的"蛮族"，都是各自历史的组成部分，因此不能孤立地考察，而是要在大的历史背景下加以认识。就中国而言，主要集中在魏晋至隋唐这个时段，前后700余年，跨度非常大。客观而言，要在有限的篇幅内，涉及所有内容，实际是不可能的，也是没有必要的。中国民族融合的特点在魏晋南北朝时期就已经大致定型了，为隋唐统一多民族国家的发展奠定了基础。当然，隋唐时期，中国的民族融合也在继续发展，也不断有旧的民族消失，有新的民族出现和融入，但整体格局并无根本性变化。在这个时期，中原王朝力量绝对强大，边疆民族力量相对有限。虽有矛盾冲突乃至战争，但并未出现魏晋南北朝时期的那种局面，格局的大变化要到五代十国及其后的宋辽金时代才再次出现。就所涉及的族群而言，则以传统上与汉族矛盾冲突比较激烈的北方民族为主。受地理因素等制约，与北方民族相比，南方（包括东南、西南）的边疆民族与中原王朝冲突整体上没有那么激烈，较少发生入主中原的现象。本书主要以汉人与北方民族的关系为考察重点。

就西方而言，主要是罗马帝国由盛转衰及西部帝国解体后的这段历史，从一般所说的罗马帝国的 3 世纪危机开始，到 9 世纪末加洛林帝国彻底解体为止。这个选择的理由有两个。其一，虽然学术界大多将蛮族入侵定在 4 世纪末，但罗马的边境危机是与罗马内部的政治危机等同步的，二者很难分开。此外，蛮族王国也大多在西罗马帝国灭亡之前就已经建立了。西罗马帝国灭亡后的蛮族王国大都是原来的继续。其二，西罗马帝国灭亡后，占据其地的各王国相互战争兼并，同时又与东部的拜占庭保持关系。6 世纪上半期，东部的皇帝查士丁尼一世曾经发动对西部的战争，短暂恢复了对西部的治权。但他去世后，西部帝国很快又陷于分裂。法兰克人通过兼并战争成为后西部帝国的最强势力，并在加洛林王朝的查理曼统治时期统一了西部帝国。不过，无论拜占庭还是法兰克人的统一都很短暂，不是这个时期欧洲历史发展的主流。从时间上来说，大致到 7 世纪，后西罗马帝国时代的政治版图和运作模式就已经确立了。就所涉区域和族群而言，本研究主要关注的是莱茵河、多瑙河对岸的传统日耳曼人及其王国，不涉及帝国传统的对手波斯人。在中世纪欧洲的历史上，大规模的移民有好几次，一直持续到 11 世纪末。不过，一般而言，学术界在讨论蛮族与罗马帝国的关系时，多用狭义上的民族迁徙，也就是特指 4 世纪到 6 世纪这一段，下限一般定在 568 年伦巴德人从潘诺尼亚集体迁徙到意大利半岛。虽然后来又有阿瓦尔人、斯拉夫人乃至诺曼人的迁徙，但并不纳入这个议题中。本书也采用这种思路。至于到达不列颠的盎格鲁人、撒克逊人和朱特人，则与欧洲大陆的关系较远。虽然不列颠属于原罗马帝国的属地，但罗马军队在 410 年就撤防了，放弃了对此地的统治。不列颠的日耳曼人长期相对独立，与大陆上的联系密切起来，要到 8 世纪了，也不再专门讨论。

第四，术语的使用。由于历史研究中的很多术语是后世提出的，其内涵和外延大多与客观的历史事实有一定的距离，都存在或多或少的问题，很难做到完全准确有效。此外，随着时间的推移，同一个概念的内涵也会发生变化，会受到现实环境的影响，与民族有关的概念尤其如此。如果再考虑到研究者观点的差异，人文社科领域就很难找到没有争议的术语了。对研究者而言，术语的使用是一个悖论，总是会顾此失彼，更多的是为了研究和行文方便。本书中的"中国"以魏晋至隋唐时期为主，"西方"则大致等于同期欧洲的"罗马世界"（the Roman

World），侧重于罗马帝国的西部地区。"欧洲"一词虽然在古典文献中就已经出现，但基本是一个地理概念。近现代学术意义上的"欧洲"一般从古典文明结束后算起，多溯源到罗马帝国末期的蛮族大迁徙，文化特色则以基督教文化为主。在现代对古希腊和古罗马的研究中，古典时期一般指公元前 8 世纪到公元 6 世纪期间的历史，尤其强调非基督教的文化形态。本书所涉的这段历史既包括古典的异教文化，又包括基督教文化。因此，严格说来，"欧洲"一词并不能有效涵盖。相比之下，"罗马世界"更切合些。这个概念是西方学术界在 20 世纪后半期提出的，用来取代传统的"罗马帝国"，更多涵盖了西部帝国灭亡前后诸蛮族政权的历史等。为行文方便，正文中的"中国"、"西方"或"中西"等，如果没有特别说明，也均指这里界定的相应时段。文中的胡族或胡人用"少数民族"代替，"汉族"一词一般认为是民族国家时代的产物，也尽量避免。特此说明！

上 篇
魏晋至隋唐时期中西历史发展的异同

第一章　政治发展

第一节　中国的政治分裂及再统一

2世纪末期，东汉政权由盛转衰，朝廷腐败，外戚、宦官轮流专权，皇权旁落，连年的战争加上旱灾，终于酿成184年的黄巾起义。虽然起义很快就被镇压下去，但东汉政府的危机却进一步加重。为了镇压起义，朝廷允许地方政府和豪强大族自己招募军队，又改刺史为州牧，结果造成军阀割据，局势混乱有增无已，中央政权名存实亡。189年，汉少帝即位，外戚大将军何进与司隶校尉袁绍合谋，欲借并州牧董卓（？—192）之力剿灭朝中宦官势力。阴谋败露后，何进被杀。董卓进京后，废掉少帝，另立其弟刘协，是为献帝（189—220年在位）。董卓的专权和滥杀引起朝野不满，兖州、豫州、冀州、荆州等反董势力组成关东联军，推袁绍为盟主，讨伐董卓。董卓阻击关东军后，又迁都长安。192年，王允、吕布等杀掉董卓，朝廷再度陷于内乱，汉献帝等逃出长安。196年（建安元年）8月，曹操（155—220）迎汉献帝入洛阳，随即又迁都许县（改称许都，今河南许昌），开始挟天子以令诸侯，控制了朝政。

曹操早年因与皇甫嵩一起镇压黄巾军起义而闻名，后在陈留（今河南开封境内）起兵讨伐董卓，加入关东联军，联军解散后退回酸枣（今河南延津）。192 年，曹操镇压了青州黄巾军，收其精锐为青州兵。此后，他打败了袁术，攻打徐州牧陶谦，还三败吕布，平定了兖州，打着勤王的幌子把持了朝政。这个时候，各路军阀雄踞一方，孙策占据江东，刘表盘踞荆州，刘璋在益州，凉州有韩遂、马腾，幽州有公孙瓒，辽东有公孙度，袁绍则控制冀州、并州、青州。曹操先是彻底击败吕布，占据徐州，接着占领黄河以北的河内郡，取青州。200 年，原本依附曹操的刘备（161—223）占据徐州，在被曹操击败后投奔袁绍。此时袁绍刚刚打败了公孙瓒，统一了北方，势力正盛，便乘胜南下，进攻许都。双方在从青州、兖州到并州的黄河两岸对垒，最后在官渡（今河南中牟）决战。曹操以弱胜强，大败袁绍，一举奠定了统一北方的基础。207 年，曹操征服乌桓，统一了北方。

曹操统一北方后，便将目光瞄准了在荆州的刘表。208 年，刘表病亡，曹操兵临荆州，迫使刘表的儿子刘琮投降，又在江陵大败刘备，随即准备顺流而下，攻打江东的孙权。刘备采纳诸葛亮（181—234）的建议，联合孙权，共抗曹操。12 月，孙刘联军与曹操的军队在赤壁（一说今湖北武汉赤矶山，一说湖北蒲圻）决战，联军出其不意，火攻曹操的船队，以弱胜强，大败曹军。曹操率残军从襄阳退回新野。

赤壁之战基本奠定了三国鼎立的局面。曹操退回北方后，颁布唯才是举令，网罗人才，强化自己的势力。213 年，汉献帝册封他为魏公，建魏国，都邺城（今河北临漳境内），216 年，又进封魏王。曹操平定了凉州，还几次对江东的孙权用兵，孙权臣服。曹操还多次引兵向西，与占据益州的刘备争夺汉中。赤壁之战后，刘备乘机占据荆州大部，接着率军入蜀，占涪城（今四川绵阳），取雒城（今四川广汉），据成都，取刘璋而代之，在巴蜀扎下了根。刘备入蜀后，孙权一直伺机夺回荆州，219 年，他乘关羽北伐之机，占领荆州。221 年，双方又在夷陵（今湖北宜都北）大战，刘备大败，退守蜀中，并于第二年在白帝城去世。东吴则巩固了在荆州的地盘。此后双方再度结盟，共抗曹魏。

220 年 1 月，曹操去世，10 月，世子曹丕接受汉献帝禅位，自立为帝，是为魏文帝（220—226 年在位），定都洛阳，建立曹魏政权，东汉灭亡。221 年，刘备在成都称帝，建立蜀汉政权。229 年，孙权（229—252 年在位）在武昌（今湖北鄂州）称帝，正式建立孙吴政权，随后迁都建业（今江苏南京）。三国鼎立的局面正式形成。

曹丕称帝后，推广屯田，提倡节俭，减轻赋税。大力整治吏治，限制宦官和外戚权力，严格控制藩王的权力。他新设中书省，负责起草诏令文书，又用陈群制定"九品官人之法"，也就是所谓的九品中正制度，以矫察举制之弊。"州郡皆置中正，以定其选，择州郡之贤有识鉴者为之，区别人物，第其高下。"①九品中正制度是中国古代的重要选官制度之一，上承察举制，下启科举制，行于魏晋南北朝时期。根据这个制度，由中正对所在地区的人才进行评品定级，逐层上报到中央，作为选拔官吏的依据，还要定期考核以定升降。品状的内容包括家世出身、德行、才能等，分为上中下三品，每品又分为三级。这套制度延续了几个世纪，自然有很多变化，学术界的认识也有较大分歧。按照它的初衷，自然以才和德为核心，但在实践中难免走样，门第出身成了主要标准，致使"上品无寒门，下品无士族"。

曹魏占据淮河以北的广大区域，魏文帝和魏明帝（曹叡，226—239 年在位）又先后恢复对西域的控制，平定了辽东半岛的公孙渊。曹魏还对南匈奴、高句丽等用兵。三国中曹魏的实力最强。蜀汉皇帝刘备去世后，后主刘禅（223—263 年在位）继位，在诸葛亮、蒋琬、费祎、姜维的辅佐下，也曾一度国富民殷，稳固发展。蜀汉一直采取与东吴结盟的政策，伺机北伐曹魏，以匡扶汉室。诸葛亮曾经五次北伐，姜维则先后十一次出兵。连年战争大大耗费了蜀汉的国力。江表的东吴在孙权的经营下，制服了当地的山越人，还向西南开拓，占据扬州、荆州、广州和交州，陆机《辩亡论》里说法是"西界庸、益之郊，

---

① （唐）杜佑：《通典》卷 14《选举二·历代志中》，中华书局 1988 年版。其原委与利弊等，可参阅清代著名史家赵翼的分析。参见（清）赵翼：《廿二史札记校证》，王树民校证，中华书局 1984 年版，卷八 122 "九品中正"条。

北裂淮、汉之涘，东苞百越之地，南括群蛮之表"[1]。孙权还重视兴修水利，推广屯田，发展农业，减免赋役。东吴的手工业水平高，商业活跃，经济比较发达。孙权统治前期，与曹魏互有征战，各有胜负。他统治后期，因立太子问题引发了内部矛盾。末帝孙皓（264—280 年在位）在位期间，统治残暴，又挑起对西晋的连年战争，终致亡国。

曹魏的实力虽然强大，亦有统一中国之志，但到明帝后期，衰败之象渐露，权力逐渐旁落。受命共同辅政曹芳（239—254 年在位）的大将军曹爽（？—249）与太尉司马懿（179—251）不和，曹爽专权跋扈，排挤司马懿。249 年初，司马懿乘曹芳、曹爽等祭拜魏明帝高平陵之机，发动政变，除掉曹爽集团，夺取政权。高平陵政变后，司马氏家族完全控制了曹魏的政权，司马懿之后，他的两个儿子司马师（208—255）和司马昭（211—265）先后秉政。司马师在 254 年废掉了曹芳，改立高贵乡公曹髦（254—260 年在位）为帝。曹髦无法忍受司马氏专权，在 260 年武装讨伐司马昭，失败后被杀。司马昭改立常道乡公曹奂，并受封晋国公。263 年，司马昭派钟会和邓艾分兵攻打蜀国，后主刘禅在谯周等劝说下采取不抵抗政策，并令姜维投降，蜀灭。司马昭去世后，他的儿子晋王司马炎（265—290 年在位）受魏禅称帝，是为晋武帝，西晋政权建立。曹奂降封陈留王，宫于邺城，曹魏政权灭亡。西晋灭蜀后，就准备

---

[1] 《晋书·陆机传》（列传二十四），中华书局点校本 1974 年版。除非注明，本书引用二十四史皆据中华书局点校本，不再一一注出。

灭吴。司马炎采纳了羊祜（221—278）的建议和计划，派王濬在益州造船练水军，以羊祜都督荆州诸军事，积累实力。279年冬，晋武帝分派水路大军攻吴，"遣镇军将军、琅邪王伷出涂中，安东将军王浑出江西，建威将军王戎出武昌，平南将军胡奋出夏口，镇南大将军杜预出江陵，龙骧将军王濬、广武将军唐彬率巴蜀之卒浮江而下，东西凡二十余万"①。280年3月，王濬攻入建业②，孙皓投降，孙吴灭亡，西晋再度统一中国。

晋武帝称帝后，重视发展农业，兴修水利，还颁布户调式，改革赋税，限制世家大族占田，清定律法，厉行节约。这些与民休息的政策有利于经济的恢复与发展，也带来了经济繁荣。但是，好景不长。"平吴之后，天下乂安，遂怠于政术，耽于游宴，宠爱后党，亲贵当权，旧臣不得专任，彝章紊废，请谒行矣。"③司马氏由权臣而登顶，之所以能够夺取政权，与曹魏抑制外戚宦官和藩王的政策不无关系。司马炎吸取了曹魏皇权因孤立无支而覆亡的教训，一登基就大封同姓藩王27人，277年又再度调整，④把他们作为稳固王权的藩屏。受封诸王以郡为国，分等置军，后来干脆让他们"假节之国，各统方州军事"，致使他们的势力迅速壮大，埋下了诸王乱政的隐患。在王位的继承上，他拒绝了众望所归的同母弟齐王司马攸，立弱

① 《晋书·武帝纪》。
② 晋平吴后，复改建业为秣陵。282年，又改为建邺。愍帝司马邺即位后，改为建康。
③ 《晋书·武帝纪》。
④ 《晋书·武帝纪》。

智无能的儿子司马衷为太子。不仅如此，他还听信杨皇后的建议，纳贾充的女儿贾南风为太子妃，肇后宫外戚之祸。

290年4月，司马炎病重，本计划让外戚杨骏和汝南王亮共同辅政，但杨骏篡改诏书，单独辅政。惠帝（290—306年在位）即位后，杨骏独揽大权，权倾朝野。291年，贾后联合楚王玮铲除了杨骏及其势力，接着又利用楚王玮杀掉辅政的汝南王亮和卫瓘，再除掉司马玮，控制了权力。贾后广树党羽，也任用张华、王戎、裴楷、裴颜等旧臣，以维持统治。贾后无嗣，一直与太子司马遹不和。299年，她设计废掉了司马遹，接着又将其谋害。赵王伦等借机除掉贾后及其党羽，杀了张华和裴颜等，掌握了朝权。301年，赵王伦废惠帝自立，遭到齐王冏、河间王颙、成都王颖的反对，最后兵败被杀。惠帝复位后，司马冏独揽大权。302年，司马颙联合长沙王司马乂攻打司马冏。司马乂剪除司马冏及其势力，控制了权力，又引发了司马颙与司马颖的不满，双方发生战争。在洛阳的东海王司马越联合司马颙与司马颖，杀了司马乂。但是，司马颖的专权又引发了与司马越的矛盾，双方在荡阴（今河南汤阴）交战，司马越战败，惠帝被俘。305年，司马越又以救驾为名与司马颙开战，攻陷长安。306年，司马越将惠帝送回洛阳，几个月后，惠帝去世，怀帝司马炽即位（307—311年在位）。随着司马颖、司马颙先后被杀，司马越最终控制了权力，"八王之乱"结束。

八王之乱的影响深远。它不但严重削弱了司马氏政权的基础，动摇了其在中原地区的统治，加速了其灭亡，而且引发了民族矛盾，揭开了"五胡入华"的序幕，将中国历史带入了又一个动乱分裂期。

303年，巴氐流民首领李特率起义军攻打成都。304年其弟李雄在成都称王，建立成汉政权。同年匈奴人刘渊在左国城（今山西离石）称王，建立汉赵（前赵）政权。此后，北方进入"五胡十六国"时期，长期分裂战乱，其间前秦苻坚曾一度统一，最后由鲜卑拓跋氏的北魏在439年再度统一。中国历史进入两个多世纪的南北对峙时期。

317年，西晋宗室司马睿（276—323）在建康称帝，建立了东晋政权。司马睿是琅琊王司马伷的孙子，司马觐的儿子，290年袭父爵。司马睿早年在洛阳结交琅琊士族临沂王氏中的王导(276—339)、王衍(256—311)，与东海王司马越封国相邻，曾跟随他讨伐司马颖。荡阴之战与惠帝一起被俘，后从邺城逃回琅琊。司马越起兵西迎惠帝时，让他镇守下邳（今江苏睢宁境内）。[①] 永嘉元年（307），"用王导计，始镇建邺，以顾荣为军司马，贺循为参佐，王敦（266—324）、王导、周颛、刁协并为腹心股肱，宾礼名贤，存问风俗，江东归心焉"[②]。311年，刘曜、石勒等攻陷洛阳，怀帝被俘。大批士人百姓南渡避难，云集建邺。313年晋怀帝遇害后，愍帝司马邺(313—316年在位)即位。316年，刘曜攻下长安，愍帝投降，西晋灭亡。司马睿在建康正式称帝。

---

① 参见田余庆：《东晋门阀政治》，北京大学出版社2012年版，第9—12页。
② 《晋书·元帝纪》。

东晋建立之初，也面临着一系列矛盾，既有南迁士族与南方吴、周、谢、沈等大族的矛盾，也有侨州郡县流民与当地民人的矛盾。统治阶级上层内部也矛盾重重。司马睿虽然延续了司马氏的政权，但并不稳固。他的起家与登基，全靠士家大族尤其是琅琊王氏的支持。渡江之初，江南大族甚至看不上司马睿，还是在王导、王敦的谋划拥戴下，他才逐渐确立了威望。他称帝之后，王导为丞相，负责朝中政务，王敦为大将军，掌管军事，坐镇荆州，因而有"王与马，共天下"的说法。为了抑制王氏的权势，司马睿重用刘隗、刁协、戴渊、周颙等人，剥夺王导（改为司空）和王敦（在重镇安排自己的人）的权力，引发王敦不满。322年，王敦以讨伐刘隗、刁协为名，从武昌发兵攻打建康。司马睿虽然调集了大军迎战，但王敦仍然攻下了石头城，迫使司马睿封他为丞相、武昌郡公。刁协死于乱军，刘隗投奔石勒。王敦杀掉了戴渊和周颙，在武昌遥控朝政。司马睿忧愤交加，不久去世。明帝司马绍（323—325年在位）即位后，即准备讨伐王敦，后者则打算武力篡位。324年，王敦派王含、钱凤等举攻打建康，兵败后在军中去世。325年秋，明帝去世，成帝司马衍（325—342年在位）即位。

成帝年幼即位，由母舅庾亮和司徒王导辅政，但庾亮专权滥杀，引发朝野不满。328年，苏峻、祖约反叛，庾亮大败，后联合陶侃和温峤才将叛乱平定下去。此后王导辅政，东晋政局相对平静。

成帝之后，东晋的政局又陷入动荡，因即位的皇帝大多年幼，外戚和大臣辅政成为一个普遍现象。康帝司马岳（342—344 年在位）由庾冰辅政，穆帝司马聃（344—361 年在位）则由太后褚蒜子、何充、蔡谟、司马昱等辅政。哀帝司马丕（361—365 年在位）服丹药中毒，褚太后秉政。平蜀之后，桓温（312—373）迅速崛起，把持了朝政。354 年，他废掉了殷浩（303—356）的职位；372 年，废了司马奕（365—372 在位），立简文帝司马昱。后者没什么能耐，又处处受制于桓温，几个月后郁闷而亡。"帝虽处尊位，拱默守道而已，常惧废黜。"①372 年，桓温甚至要求朝廷赐他九锡，图谋大位。孝武帝司马曜（372—396 年在位）即位后，桓温、褚太后、谢安先后秉政。孝武帝用其弟司马道子制衡谢安，但又引发了他们兄弟内部的权力斗争。安帝司马德宗（396—419 年在位）"不惠，自少及长，口不能言，虽寒暑之变，无以辩也"②。司马道子、元显父子昏惑专权，"并倾朝政主昏臣乱"③，引发桓玄（369—404）等不满。399 年，孙恩、卢循起义，殷仲堪、杨佺期、桓玄乘机起兵攻打司马道子。402 年，桓玄入建康，除掉司马元显、司马道子，后又废掉安帝，自立为帝，建桓楚政权（403—405）。北府兵将领刘裕（363—422）等起兵讨伐，桓玄败走江陵，最后兵败被杀。桓玄之乱后，朝政完全控于刘裕之手。419 年，刘裕为了应谶纬、当皇帝，干脆让人杀掉安帝，

① 《晋书·简文帝纪》。
② 《晋书·安帝纪》。
③ 《晋书·安帝纪》。

立恭帝（419—420 年在位）。420 年，他更是代晋自立，建立刘宋政权，东晋至此灭亡。

东晋偏安江南，也一直打着光复旧土的旗号，曾经多次北伐，但当权者大都对此不感兴趣，只有祖逖（266—321）比较积极。他死后，东晋虽多次北伐，但整体成效不大。庾亮败于石虎，褚裒、殷浩也以失败告终。桓温曾经三次北伐，但主要是为了扩大个人的权势，并非真心复国。354 年伐前秦，打到长安附近，曾屯兵灞上。356 年又攻打姚襄，收复洛阳，提出迁都。369 年，他再次北伐，结果在枋头一战大败于前燕。淝水之战后，谢安用谢玄北府兵北伐，获得了很大的战果，但在他死后，也就停止了。随着时间的推移，南迁的士人也不再念着回国了，逐渐融入当地。北方人士南迁之初，并没有土地。政府在南方设立侨州郡县加以管理，将他们编入白籍，免除国家的赋役，以区别于担负国家义务的黄籍。341 年，成帝颁布土断令，取消侨民的特权，与当地居民一起编户，统一管理，调整侨州郡县。413 年，刘裕再次推行土断。东晋逐渐统一了南方，也取得了军事上的一些胜利。347 年，桓温率军平定了成汉；410 年，刘裕灭了南燕；417 年，刘裕率领军队攻下了长安，灭掉了后秦，但不久就又被拓跋鲜卑占据。

刘宋王朝（420—479）的开创者宋武帝刘裕早年家境贫寒，后投靠北府军，成为刘牢之的部下。他在镇压孙恩、卢循的起义中崭露头角，平定了桓玄之乱，又打败了刘毅、荆州的司马休之等大割据势力，统一了南方，还灭了南燕、谯蜀、仇池国及后秦，将东晋的疆土扩展从山东到关中的广大地区，与北魏隔黄河相望。刘宋王朝的统治者先后采取了一系列强化权力的措施，以免重蹈东晋的覆辙。首先，限制士族势力，任用寒门执掌机要。刘裕出身寒素，对士家大族政治的弊端深有体会。他恢复考试制度，严格吏治，按照才能选拔官吏，提拔重用寒门，开启了南北朝政治的新路径。宋文帝刘义隆（424—453 年在位）上台以后，则除掉了辅政的徐羡之、傅亮、谢晦等士族人士。孝武帝刘骏时期（453—464 年在位），更是将寒门掌机要推到极致，提拔重用沈庆之、柳元景、袁璨、颜师伯等一大批南北寒族。其次，削弱地方州郡和封王的权力。把荆州、扬州等传统军事重镇加以拆分，严格规定地方军政官吏的规模。重要的州镇则派宗室镇守。不仅如此，还采取将兵分离的策略，逐渐改世兵制为募兵和征兵制，由朝廷控制军队，征讨结束后立刻还兵。最后，加强对地方州镇和宗室诸王的监督，主要是任用典签官。这些由寒门出任的官吏到地方州镇，负责处理文书，同时代表中央对州镇和宗室进行监督。

刘宋王朝在加强中央集权的同时，也重视农业生产，减轻赋税和刑罚。政府还推行土断，整顿户籍，限制士族对土地和山林等资源的垄断，保护百姓利益。刘裕一生生活俭朴，"绌华屏欲，以俭抑身"。宋文帝继续推行与民休息的政策，劝课农桑，鼓励垦田，经济发展，社会安定，史称"元嘉之治"。"区宇宴安，方内无事，三十年间，氓庶蕃息，奉上供徭，止于岁赋，晨出莫归，自事而已"，"家给人足，即事虽难，转死沟渠，于时可免。凡百户之乡，有市之邑，歌谣舞蹈，触处成群，盖宋世之极盛也"①。

　　刘宋的北扩与北魏的南侵形成直接冲突。刘裕去世后，北魏乘机南侵，占据洛阳、滑台黄河南岸要地，并进攻青州、兖州，先后攻陷虎牢关（今河南荥阳汜水）、许昌等地。为了收复失地，宋文帝曾经发起了三次北伐。430年，到彦之等率军收复被北魏占领的河南地区，但又被北魏夺回。450年（元嘉二十七年），北魏太武帝拓跋焘带领大军攻打刘宋的豫西地区，宋文帝派江夏王刘义恭为主帅，分东中西三路大举北伐，曾一度打到滑台、虎牢关，收复了潼关等地，进逼长安。拓跋焘则从彭城绕道，试图攻打寿阳、盱眙不克，一直到了长江边上的瓜步（今江苏南京六合），退兵途中则对刘宋的江北地区大肆烧杀抢掠，元嘉之治毁于一旦，刘宋国力由盛转衰。453年，拓跋焘被杀，宋文帝乘机发动第三次北伐，最终也没能实现目标。北伐破坏了社会生产，大大消耗了国力，埋下了隐患。466年，因宗室内部争夺王位，徐州刺史薛安都为避祸投降北魏，致使刘宋失掉了淮河以北黄河以南的土地，国力大损，史称"泰始之祸"。此后，南北形势逆转，北强南弱的格局逐渐形成。

　　孝武帝去世后，刘宋王朝内部权力斗争激烈。废帝刘子业、明帝刘彧时期，宗室相残，权臣相争，贵勋高门士族纷

————————
① 《宋书·良吏传》。

纷被杀，刘宋政治愈发混乱，最终被萧齐王朝（479—502）所取代。

齐高帝萧道成（427—482）少年时跟随名儒雷次宗学习经史，后随父萧承之从军，曾参与讨伐沔北蛮和仇池国及北伐战争。孝武帝时期，任中兵参军、建康令，明帝时期升为右军将军，在平叛和对抗北魏方面发挥了重大作用。明帝去世后，他与袁粲、褚渊、刘勔等共同辅政废帝刘昱，因平定桂阳王刘休范有功，进爵为公，逐渐掌握权力，与刘昱发生矛盾。477年，他派人杀掉刘昱，改立宋顺帝刘准，同时镇压了袁粲、刘秉、沈攸之等反对派，并由齐公进爵齐王。479年4月，他逼刘准禅位，自己称帝。

萧道成当上皇帝后，继续寒门掌机要的政策，也厉行节约，设校籍官整顿户籍，减轻人民负担。他的儿子武帝萧赜（482—493年在位）继续这些政策，虽然因校籍问题引发了叛乱，但在他统治期间，南齐的经济发展较好，也与北魏休战，社会安定，史称"永明之治"。萧赜去世后，南齐政权陷于动荡，朝政落入辅政的旁系宗室萧鸾手中。他先是废掉了"狗马是好，酒色方滆。所务唯鄙事，所疾唯善人"①的郁林王昭业，另立海陵王昭文，两个多月后，又废掉他自立，是为明帝（494—499年在位）。他即位后，几乎将高武子孙杀戮殆尽。他的儿子东昏侯萧宝卷更是昏荒无道，滥杀大臣。500年，雍州

① 《南齐书·郁林王纪》。

刺史萧衍起兵反抗，拥立和帝萧宝融，他自己也晋封梁王。萧衍一路攻打到建康，萧宝卷覆灭被杀。502 年，萧衍废和帝自立，南齐灭亡，梁朝（502—557）建立。

梁武帝萧衍（502—549 年在位）的父亲是齐领军将军、丹阳尹萧顺之，是萧道成的族弟，为齐的建立建功颇多。萧衍是中国古代历史上少有的文武全才的帝王："博学多通，好筹略，有文武才干，时流名辈咸推许焉。""历观古昔帝王人君，恭俭庄敬，艺能博学，罕或有焉。"① 他不但擅长经史，兼通儒释道，音乐诗文书画也样样精通，早年是竟陵王萧子良手下的"八友"之一，与沈约、谢朓、范云等交好。萧衍能够当上皇上，也多得益于沈约和范云的谋划。梁武帝称制后，勤于政事，广纳谏言，任用贤能，调和士族和寒门。他与刘裕和萧道成一样，生活十分节俭，穿粗布衣服，粗茶淡饭（因信佛吃素），还非常重视学术。在他统治早期，社会稳定，经济发展，文化领域则达到了南北朝时期的最高峰。

但是，梁武帝统治后期，国力转衰，各种矛盾集中爆发。他加强宗室藩王的权力，同时废除了对他们进行监督的典签官制度。不仅如此，他还纵容宗室和官吏的违法乱纪行为，听任他们鱼肉百姓，不加禁止。但他对普通百姓却非常严苛，史有"急于黎庶，缓于权贵"② 之评。官吏的腐败和压榨使百姓流离失所，苦不堪言。他本人痴迷佛教，经常讲经说法，施舍

---

① 《梁书·武帝纪》。

② 《隋书·刑法志》。

无数，耗费巨资，还曾四次出家。随着国力强盛，他逐渐听不进谏言，开始好大喜功，准备伐魏。梁朝建立之际，正是北魏由盛转衰的时期，北魏内乱不断，没多少精力南征。东、西魏分立后，东部的高氏集团和西部的宇文氏集团相互征战，亦无暇南顾。547年，东魏大将侯景（503—552）因争夺权力失败，投降梁朝。萧衍欲借机北伐。但是，北伐的萧渊明（萧衍之侄）被东魏俘虏，侯景也打了败仗。梁魏议和，东魏提出用侯景交换萧渊明。梁武帝答应后，548年8月，侯景从驻地寿春起兵叛乱，攻向建康。侯景利用百姓的不满，联合萧衍的养子萧正德，攻陷建康，立他为皇帝，随即又废之。549年，他攻陷台城，囚禁饿死了萧衍，又立皇太子萧纲为皇帝（简文帝），驱杀文武百官，纵兵大掠。551年，他又废掉了简文帝，立豫章王萧栋为帝，接着就逼他禅位，自己称帝，国号为汉。不久，侯景被陈霸先和王僧辩消灭。

侯景之乱给本已腐朽的萧梁政权以沉重打击，其军队横扫三吴之地，所到之处，烧杀抢掠，经济凋敝，民不聊生。北齐乘机发起攻势，夺去了淮河两岸的大片土地，西魏则占据了巴蜀和荆襄地区。萧梁王朝虽有陈霸先和王僧辩等维持，但皇位数次易主。555年，陈霸先与王僧辩因皇帝废立问题反目，陈霸先杀掉了王僧辩，立梁王萧方智为帝（梁敬帝，555—557年在位）。557年，陈霸先逼敬帝禅位，自己当上了皇帝，梁朝灭亡，陈朝（557—589）建立。

陈武帝陈霸先（557—559年在位）早年从军，任广州刺史萧映的中直兵参军。544年，交州李贲叛乱称帝，围攻广州，陈霸先率军解围，一战成名。545年，他受命平定了李贲叛乱。侯景之乱爆发后，他先平定了广州及岭南地区的叛乱，后北上江西，打败了侯景的支持者李迁仕。551年，他与王僧辩会合，最终合力平定了叛乱。552年，北齐攻打秦郡（今江苏南京六合），陈霸先率军解围。554年，西魏攻陷江陵，梁元帝萧绎被杀。陈、王反目后，陈霸先扫平了王僧辩的势力，打败了北齐的进攻，与之签订盟约。557年，萧勃在广州起兵反抗陈霸先，被打败。同年，陈霸先又遣军队讨伐湘州和郢州刺史王琳。

陈霸先"恒崇宽政，爱育为本。有须发调军储，皆出于事不可息"；"俭素自率……不为虚费……及乎践阼，弥厉恭俭"。① 文帝陈蒨（559—566年在位）和宣帝陈顼（569—582年在位）继续劝课农桑，与民休息，社会经济有所恢复，宣帝还乘北齐灭亡之际，收复了部分失地。后主陈叔宝（582—589）在位期间，荒废朝政，沉湎酒色，"宾礼诸公，唯寄情于文酒，昵近群小，皆委之以衡轴。谋谟所及，遂无骨鲠之臣，权要所在，莫匪侵渔之吏。政刑日紊，尸素盈朝，耽荒为长夜之饮，嬖宠同艳妻之孽"。他还任用"施文庆、沈客卿之徒，专掌军国要务，奸黠左道，以哀刻为功，自取身荣，不存国计"②。即便隋军兵临城下，仍行乐不止，最终逃到井里保命，

---

① 《陈书·高祖纪下》。
② 《陈书·后主纪》。

至国灭祚终。

隋文帝杨坚（581—604 年在位）夺取北周政权后，就开始准备统一中国。他先解除了北部边疆突厥的威胁，接着派杨素任信州总管（治在鱼复，今重庆奉节），在永安造大船练水军。587 年，他废掉了西梁后主萧琮，进据江陵。588 年，隋文帝以晋王杨广为行军大元帅，遣大军 50 万八路并进，大举伐陈。杨素率水军船队沿长江而下，杨广坐镇寿春，负责下游，各部相互为援。589 年正月初一，下游的隋军渡过长江，陈朝军队节节败退，正月二十日，隋军攻陷建康，俘获陈后主，陈朝覆灭。至此，中国南北再度统一，结束了近 400 年的分裂战乱时期。

隋文帝统治期间，社会经济逐渐恢复并一度繁荣。隋炀帝杨广（604—618 年在位）即位后，一方面大兴土木，征发无度；另一方面又发动对高丽战争，严重消耗了国力，引发了农民起义和贵族叛变。617 年，太原留守李渊在晋阳起兵，攻陷长安后立杨侑为皇帝。618 年，宇文化及等在江都发动兵变，杀掉隋炀帝。隋炀帝被杀后，李渊取代杨侑为帝，建立唐朝。王世充在洛阳则取代了皇帝杨侗。隋朝彻底灭亡。

唐朝建立后，消灭了隋末其他的割据政权，又成功消除了突厥等威胁。626 年，秦王李世民发动玄武门之变，杀掉太子李建成和弟弟李元吉。第二年，李渊退位，称太上皇，李世民即位（627—649 年在位），是为唐太宗。唐太宗即位初年，继续平定各地叛乱，与此同时，任用房玄龄、杜如晦、魏徵等贤能之臣，中央进一步强化三省六部制，完善科举制度。地方上则将全国分成十道，道下设府州，府州下设县。太宗统治时期，唐朝迎来了第一个兴盛时期，史称"贞观之治"。

唐高宗李治（649—683 年在位）初期的永徽年间，兴盛局面继续保持，唐朝的疆域也达到了顶峰。此后随着李治健康问题，皇后武则天逐渐介入并把持了朝政。高宗去世后，武则天先是遵其遗嘱立太子李显为帝（唐中宗，683—684 年在位），接着又废掉李显，另立睿宗李旦（684—690 年在位）。690 年，武则天改朝换代，建立武周政权（690—705），成为中国历史上唯一一位女皇帝。武则天晚年被迫退位后，李唐王朝恢复。李显再次被立为皇帝，但在 710 年被韦皇后和安乐公主杀害。李旦之子临淄王李隆基与太平公主联合发动政变，夺回朝权，李旦再度成为皇帝。712 年，李旦退位，李隆基即位，是为唐玄宗（712—756 年在位）。唐玄宗消灭了太平公主等政治对手，革弊布新，重振朝政。在他的治下，唐朝进入了鼎盛时期，史称"开元盛世"。

天宝年间（742—756），玄宗逐渐疏于朝政，专宠杨贵妃，生活糜烂；宰相李林甫长期把持权力，党同伐异；宦官高力士等逐渐干政。唐朝的政治腐败加重，中央力量日益削弱，地方节度使势力不断增大。755 年 12 月（天宝十四年），平卢、范阳和河东三镇节度使安禄山以讨伐宰相杨国忠为名，在范阳起兵，发动叛乱，史称"安史之乱"。安禄山的军队很快攻陷洛阳，接着在潼关大败唐军，唐玄宗西逃成都，长安失守。唐朝军队在马嵬坡（今陕西兴平县马嵬镇）发动政变，杀掉杨国忠、杨贵妃等。太子李亨逃到朔方，在灵武即位（唐肃宗，756—762 年在位），起用郭子仪、李光弼等将领平叛，玄宗被迫退位。757 年，唐军与叛军在睢阳进行了 10 个多月的拉锯战，郭子仪也先后收复长安、洛阳。同年，安禄山被其子安庆绪杀掉。第二年，史思明又杀掉了安庆绪，在范阳称帝。761 年，史思明被其子史朝义杀掉。唐代宗(762—779 年在位）即位后，唐军重新收复史朝义盘踞的洛阳。763 年，范阳叛军投降，史朝义自杀，安史之乱结束。

安史之乱严重破坏了社会生产和生活，是唐朝由盛转衰的标志。此后的一个半世纪里，除了宪宗、宣宗等时期有不同程度的中兴外，大多数时间没有太大起色。宪宗统治时期，朝廷内部逐渐形成分别以牛僧孺和李德裕为首的两派，牛李党争延续 40 多年，严重损害了李唐王朝的政治。与此同时，宦官势力不断强大。他们与朝臣争权，控制着皇帝的废立。唐文宗李昂（827—840 年在位）曾经发动"甘露之变"（835）试图铲除宦官，也没有成功。政治腐败和残酷剥削最终引发了人民的反抗。875 年，王仙芝在长垣起义，878 年，黄巢在冤句起义相应，正式揭开了唐朝灭亡的序幕。黄巢起义军横扫大半个中国，881 年，长安城军民迎接黄巢进入长安，黄巢称帝，建立大齐政权。884 年，唐军最终消灭了起义军。但是，唐朝分崩离析的局面却进一步加剧，藩镇节度使成为中央镇压起义的依靠，他们的独立地位得到政府的承认，甚至晋爵为王。朝廷内部的党争和宦官夺权斗争更加激烈。907 年，在镇压黄巢起义中发迹的梁王朱温取代唐哀帝自立，建立梁朝，唐朝灭亡。中国历史再次陷于分裂。

第二节　西方的政治分裂及其延续

公元前 31 年，罗马的将军屋大维在亚克兴打败了马克·安东尼和埃及女王克里奥帕特拉的联军，结束了罗马共和国末期的内战。公元前 27 年，屋大维（公元前 27—公元 14 年在位）被罗马元老院和人民拥立为元首，尊称"奥古斯都"。罗马共和国灭亡，罗马进入帝制阶段。在屋大维治下，罗马历史开始了一个新的阶段，战争减少，经济发展，社会安定，文化繁荣，在此后近 200 年的时间里，国力臻于鼎盛，有"罗马和平"（Pax Romana）之称。

192 年末，安东尼王朝的末帝康茂德被杀，罗马的帝位陷于动荡，出现了一年之内五位皇帝争立的局面。最后，塞普提穆斯·塞维鲁（Septimius Severus，193—211 年在位）获胜，开创了塞维鲁王朝（193—235）。罗马帝国自此由盛转衰，政治混乱初现端倪，军队在政治生活中的作用日益显著，逐步走向长期的军事无政府主义。235 年，皇帝塞维鲁·亚历山大（Severus Alexander）去世，塞维鲁王朝结束，罗马政治进入混乱动荡期，史称三世纪危机（235—284）。

来自色雷斯的军事将领马克西米努斯（C. Iulius Maximinus）僭位，他与元老院为敌，大幅度提高士兵的工资，其残酷的剥削引发了阿非利加省的大起义。238 年 6 月，马克西米努斯被杀，罗马的政治危机彻底爆发。其间军队在政权中的作用越来越大，行省的军事将领凭借自己的力量夺取政权，拥兵自立，从而使局面更加混乱。军队哗变，拥立皇帝，再哗变，再立新帝，成为常见的模式。在半个世纪时间里，罗马内战及农民起义不断，政局变动频仍，先后出现了 26 位皇帝。3 世纪 70 年代初，帝国又分裂为三个部分。在政治上的内乱不断加剧之际，帝国又遭到外部的压力。3 世纪中期，新一轮的边境压力逐渐增大。帝国的天然防线莱茵河—多瑙河一线逐渐不稳固起来，法兰克人、阿勒曼人、哥特人、萨克逊人等边疆蛮族纷纷向帝国发起冲击，帝国东方则有来自萨珊波斯沙普尔一世（Shapur Ⅰ，约 240—270 年在位）的威胁。253 年，瓦勒里安（P. Licinius Valerianus）被推为皇帝，他任命自己的儿子伽利努斯（Gallienus）为奥古斯都，父子二人分别在东部和北部边疆抗击入侵。伽利努斯一方面要应对入侵，一方面还要不断地镇压内部的起兵反抗者。西班牙和不列颠相继易帜，260 年，皇帝瓦勒里安也被波斯人俘虏，政局再度陷入混乱，出现了所谓的"三十僭主"。268 年，伽利努斯被谋杀。此后，抗击蛮族入侵的任务落在伊利里亚人克劳狄乌斯（M. Aurelius Claudius）身上。270 年，克劳狄乌斯也在瘟疫中死去，副将奥勒里安（L. Domitius Aurelianius）被军队拥立为皇帝。他先把汪达尔人赶出了潘诺尼亚，重新稳定了多瑙河防线，接着又击退了入侵意大利的阿勒曼尼人。然后攻下安条克，把帕尔梅拉夷为平地，平定了东方诸省，恢复了对东方的控制。接着他又挥师西进，稳定了高卢的局势，被称为西部帝国的光复者。

虽然奥勒里安重新稳定了帝国的边境，但他无法从根本上解决危机。值得注意的是，此时的帝国在整体上已经呈现出守势。奥勒里安一上台，就开始重建罗马城墙，这是自罗马在公元前 390 年被高卢人围攻以来的首次防御行动，预示着罗马人的自信心有所下降。奥勒里安去世以后，政治危机再度爆发。284 年，军事将领戴克里先（Diocletian，284—305 年在位）在混乱中被军队拥为皇帝，罗马帝国的三世纪危机结束。

戴克里先上台以后，同样面临着严峻的内外矛盾。为了更有效地解决边患问题，他开始一系列的改革，试图挽救帝国的衰落。政治上的四帝共治是他推行的重要措施。由于各处边患频仍，戴克里先本人长期驻守边境。鉴于以往边境将领暴动不断，他决定采取分区治理，任命助手统治，以管理庞大的帝国疆域。285 年，他任命马克西米安（Maxmianus）为凯撒，协助他治理，第二年又把他升格为奥古斯都。戴克里先负责东部边境，长期驻守在尼科米迪亚，马克西米安则全面应付西部边境的蛮族，常驻米兰。293 年，戴克里先又任命两位副将为凯撒，形成四帝共治的局面。新任命的凯撒康斯坦提乌斯（Constantius Chlorus）和伽勒里乌斯（Galerius）是未来的奥古斯都的继承人。整个帝国也按照地域被分为四大块：意大利、阿非利加、西班牙以及北部边境归马克西米安；康斯坦提乌斯统治高卢、不列颠，驻扎在特雷维鲁姆（今德国特里尔）；戴克里先本人负责埃及和东方行省，伽勒里乌斯负责整个巴尔干半岛，驻扎在希尔米乌姆（今塞尔维亚斯雷姆斯卡米特罗维察）。

四帝共治虽然一定程度上解决了靖边的效率问题，但从长期来看，它反而进一步延续了政治上的动荡局面。

戴克里先在推出四帝共治措施的同时，还彻底转变了自屋大维·奥古斯都以来实行的元首制，实行（dominate）君主制，把罗马帝国的政治体制推进到一个新阶段。君主制的形成是罗马政治发展的结果。从戴克里先开始，皇帝的称号发生了变化，"元首"逐渐被"君主"取代，皇帝的行为也大大改变，共和国时代的风气渐渐消失，皇帝与人民的关系日渐疏远，他也由第一公民跃升为凌驾于公民集体之上的君主。整个帝国的行政完全掌握在皇帝手里，行政官吏也都由他任命。随着皇帝的权力不断扩大，元老院的职能逐渐削弱，一些共和国时代的官职也逐渐萎缩甚至被废除，如保民官（tribunate）和营造官（aediles）。执政官（consulate）虽然没有被废除，但经常由皇帝本人担任，而且已经没有了行政权，名存实亡。由于皇帝逐渐控制了司法权，法务官（praetors）和财政官（quaestor）的权力也被剥夺①，成为荣誉性的虚职。元老院行省逐渐变为军事区，

---

① 法务官原系仅次于执政官的高官，最早由两人担任，一人负责战时军事指挥，一人负责市政。后来主司司法裁判，也外派到行省做总督。帝制时期，法务官人数增加，地位不断下降，沦为负责公共活动等事务的官吏。一说法务官最初就是执政官，公前4世纪上半期执政官一词才正式出现。财政官最早是负责恶性刑事案件的调查官，共和国时期负责财务和审计监督，帝国时期成为皇帝的司法顾问。

成为皇帝行省。在巨大的变动中，元老院元老监督的主要行政官吏不复存在，而且收入大减，他们铸造铜币和黄铜币的权利也被收回。到 300 年，元老院不再审理刑事案件。元老院会议的价值已经不大，只有一些居住在罗马的高官参加，大多数元老几乎很少离开自己的庄园去参加会议。元老院名存实亡。

与此同时，帝国的地方政府也发生了变化，自治政府的特点更加明显。由于皇帝大部分的时间都投入到边境的军事活动中，便将一些权力下放，部分官吏的任命权由皇帝转到地方的元老院（Curiales），直到君士坦丁统治末期，阿非利加一些城镇的官吏一直由民众选举。由于经济衰退，税收负担加重，逃避官位的人越来越多。皇帝为了确保税收，强迫自愿性质的地方元老世袭化，并由他们负担大量的政治及经济义务，给他们带来沉重的负担。地方政府因而陷于困境。

与君主制相伴的是罗马官僚机构的急剧膨胀。为了更好地控制局面，戴克里先对行省作了大规模的改革。他一方面削弱了地方行省长官的权力，另一方面则希望进一步控制不断衰退的地方政府。他将原来的行省再分割，由 50 个变为 100 个，取消了意大利的特权。此外，他还对官吏的权力进行调整，将军权与内政权（civil）分开。没有驻军的行省，行省长官只有内政权，负责行政与司法，有驻军的行省一般军政分开。为了进一步提高监管效率，戴克里先又把 100 个小省分为 12 个大区（dioceses），每个区由近卫军长官（praetorian prefects）的代表（Vicarius）统治。戴克里先重用骑士阶层，通过提拔他们来打击传统元老贵族，建立个人与新权势集团的牢固关系。表面看来，这种体制是非常稳固的，但实际上隐患很大，因为整个国家机器随时都有失控的危险。3—4世纪的皇帝大都是行伍出身，缺乏行政管理经验，并陷入边境的防卫事务中。在这种情况下，帝国行政机构无形中获得了独立，由"一个好仆人退化为坏主人"[①]。宫廷高官卖官鬻爵，疯狂压榨人民。虽然皇帝采取各种措施，包括派出间谍秘密监视行政机构，但仍无济于事。行政机构尾大不掉，由皇帝控制帝国的工具逐渐转变为与皇帝分庭抗礼的机构。

除了皇帝与官僚机构的矛盾外，还存在着地方势力与官僚机构的矛盾。3世纪中期的蛮族入侵以及经济衰退使原先靠工业、商业以及自由土地耕种的劳动者数量大大减少，虽然政府采取措施防止土地兼并集中，但土地集中的进程不断加速。一些富人乘机通过贱买、租种、强占等方式，兼并废弃的土地。蛮族的入侵和官吏的压迫使许多小土地占有者的生存遭到威胁，他们不得不把土地交给富有的邻人，以换取保护或免除对国家的义务。这些拥有广阔土地的大地产主（latifundia），以自己的庄园（villa）为中心，御内拒外。大地产主不仅享有经济权，而且还有一定的民事司法权，他们侵夺了帝国法庭的权力。随着城市的普遍衰落，庄园成为乡村中心，逐渐成为国中之国，这成为中世纪庄园封建制的滥觞。

---

① M. Cary, H. H. Schullard, *The Roman History down to the Reign of Constantine*, 3rd Edition, The MacMillan Press Ltd., London, 1975, p.530.

罗马帝国政府的负担日益沉重，但却落在大多数中下层人身上，相比之下，元老、骑士、政府官员（civil servants）、士兵、医生、官方船主、税农、国有土地出租者、教士等并不在其列。随着税收制度的改革，地方元老的负担加重，许多成员开始逃避或放弃自己的社会地位，或逃到其他的特权阶层。为了保证税收，国家便采取强制措施，把他们固着在原来的地位上。戴克里先不准他们参军，君士坦丁一世（306—337 年在位）不准他们介入政府事务，并下令没有许可严禁他们离开居住地。不久，士兵的职业也开始世袭，军役成为罗马公民的重负之一。各种手工业团体或会社（collegia）也难逃厄运。314年，君士坦丁下令船主行业世袭，接着扩大到面包师、屠户等行业。社会从业者行业化、世袭化在君士坦丁时期迅速发展。农业生产领域里则是隶农成为世袭的佃农。大庄园主与政府联合起来限制农民离开土地。戴克里先下令，所有农村人口都必须待在人口普查时登记的居住地不准离开。君士坦丁一世统治时期，隶农被牢牢地固着在土地上。332 年，法律规定，地主可以用锁链把隶农捆起来，隶农不得离开庄园，他们的后代亦如此。

戴克里先还对军队进行了大规模的改革。他把罗马所有的军队分为驻军和野战军，都由骑兵和步兵组成，其中占主要地位的是骑兵。驻军由公爵（duces）统率，多驻守在边境各口岸，总部有一个分队，由提督（praefectus）统领。野战军由骑兵队（500 人 / 队）和步兵军团（1000 人 / 团）组成，其统帅

（magistri militum）可以指挥边境上的公爵，他们的地位与待遇高于边境守军，一般驻扎在边境线以内的交通要道上。戴克里先还把军团的数量增加到 60 个，平均每个行省两个军团。他还扩大军队的规模，将人数翻了一番，据 6 世纪的作家吕底乌斯（John Lydus，约 490—约 565）《论月份》（1.27）记载，军队人数达 389704 人，海军 45562 人。这个数字虽未必准确，但军队人数在这个时候大量增加应该是没有问题的。

大规模的扩军使兵源成为难题。军役成为重负，罗马公民阶层服役的积极性日减，甚至逃避兵役。为了保证稳定的兵源，政府一方面加强对公民的征兵制度管理，在不断淡化自愿义务色彩的同时，逐渐向世袭化迈进，使军人与其他行业一样，成为一个父子相袭的职业。另一方面，除了将公民固着在军队里外，罗马政府还开始大规模征召非公民尤其是蛮族入伍。虽然罗马很早就有征召蛮族入伍的传统，将他们安置在边疆地区，但是，他们在军队中的地位与作用是有明确限制的，只能做一些后勤的辅助工作，或者做皇帝的私人卫队，不能介入军队的核心——军团。罗马传统上实行兵民合一的体制，只有公民才能拥有土地、服兵役，不同等级的公民服兵役的种类也各不相同，低等级的公民和奴隶只能作为辅助军队。不过，到帝国后期，这种局面逐渐发生变化。传统的罗马帝国腹地的公民服役人数减少，边疆行省公民服役人数逐渐增多，形成行省对中央的优势。此外，大量的非公民的蛮族逐渐成为军队的主体，他们取代了公民成为罗马军队的真正核心。蛮族将领逐渐介入帝国的政治，并对政治局势产生重要影响，到西部帝国灭亡前，蛮族几乎完全控制了军队。军队的蛮族化在一定时期内有助于维持帝国的运转，但同时为帝国的灭亡埋下了祸根。蛮族多为生存而战，并非可靠的盟友。

戴克里先的改革及君士坦丁的措施并没有从根本上解除危机。相反，他们开创的新传统成为引发政治动乱的重要因素。多头政治使本已危机重重的帝国雪上加霜。争夺帝国独霸权的内战严重地消耗了帝国的实力。多头政治引发的内战成为晚期罗马帝国政治的重要内容。君士坦丁一世在去世前将帝国分给自己的儿子和侄子，为内部的权力斗争增添了不安定因素。此后，罗马帝国的和平统一局面不复存在，其间除三次短暂的统一外，整个帝国基本处于混战状态。364年，瓦伦提尼安（Valentinian）和瓦伦斯（Valens）兄弟平分帝国，前者统治意大利和西部区域，后者住在东部行省。395年，狄奥多西一世在去世前，也将帝国分给两个儿子，长子阿卡狄乌斯（Arcadius）统治东部的拜占庭，次子霍诺里乌斯（Honorius）则负责西部。统一的帝国至此正式分疆而治，成为后来的定则。

在帝国趋于分散的同时，传统的政治中心及格局也发生了变化。作为统一帝国象征的罗马的中心位置不复存在。罗马虽然是帝国的都城，但从来不是经济中心，而是一个严重依赖外来粮食供给的消费城市，需要从西西里和埃及等地供给。作为帝国的政治中心，这里有着罗马传统的元首（皇帝）、元老院、公民大会三个权力机构，但是随着帝国政治体制的转变，皇帝与元老院之间的权力均势逐渐被打破。元首利用对军队的控制权，不断扩大军团在行省的驻扎范围，使原先非设防的元老院行省逐渐成为元首行省。边境不断增大的压力使驻军逐渐固定下来，这一方面使军事将领出身的皇帝长期把各自在边境的军团驻地作为治所，另一方面使边境的势力胜过传统的中心，造成政治中心的转移。与此同时，元老院与皇帝的矛盾不断增大，也使后者不愿意到罗马去。受各种主客观原因的影响，从3世纪中期开始，皇帝就很少到罗马去了。即使去罗马，要么是象征性地造访或接受元老院的认可，要么就是与元老院进行斗争。戴克里先在位期间只去过一次罗马，在戴克里先统治前后，米兰已经取代罗马成为西部的中心。402年，又从米兰迁到北部的亚得里亚海沿岸城市拉文纳。君士坦丁一世掌握政权以后，干脆在东方另建新都君士坦丁堡，330年，正式迁都。395年以后，东部帝国以君士坦丁堡为中心，逐渐发展成为拜占庭帝国。罗马帝国东西并立的局面逐渐形成。帝国中心的转移与区域化中心的加强，从一个侧面表明罗马的统一已经出现了严重的问题。

476年，罗马人的最后一个皇帝罗慕路斯被废，其领土也被日耳曼各族建立的政权所瓜分，西部帝国灭亡。东部的拜占庭继续存在了近千年，直到1453年被奥斯曼帝国所灭。

6世纪上半期，东部的皇帝查士丁尼一世（527—565年在位）统治时期，曾经发起过恢复罗马帝国的西征运动，先后收复了北非、意大利半岛、科西嘉、撒丁岛及伊比利亚半岛南部海岸等地。但是，这些收复的地区很快又相继失去，东西分裂的局面没有改变。

西部帝国境内的各蛮族政权经过了一系列战争，由法兰克人加洛林王朝的查理曼在公元 9 世纪前后重新统一。不过，法兰克人的统一局面也没有维持下来。查理曼统治末年，将国家分给几个儿子治理。他的儿子虔诚者路易在位期间，曾两次把国家分给自己的儿子，并引发了大规模的内战。843 年，他的三个孙子在凡尔登缔结条约，三分其帝国，欧洲西部旋又分裂。自此，西欧没有再出现过统一的帝国。

第二章　民族发展

魏晋至隋唐时期，中国和西方都面临着来自边疆民族政权的挑战，在中国有所谓的"五胡十六国"，在西方则有所谓的"蛮族王国"。不过，最终的结果却大为不同，中国在冲突中民族融合进一步加深。到唐朝初年，出现了四方归顺来朝的局面，唐太宗也被尊称为"天可汗"。在统一国家框架下，中华民族的发展融合进入一个新阶段。西方则相反，蛮族王国不但摧毁了西罗马帝国，而且形成了多族群分立并存的局面，罗马人失去了主导地位，变为区域性的概念。这个时期也成为欧洲民族起源的开始。中国民族大融合的局面并没有在西方出现。

第一节　"五胡入华"与中国民族融合的大发展

汉魏以来，分布在西北边疆的少数民族逐渐内迁，与汉人杂居，并逐渐习惯于定居的农业生活。向内地迁徙的北方少数民族主要有匈奴、鲜卑、羯、氐、羌五族，史称"五胡"。这些内附的少数民族分布在东起辽东，西至新疆的广袤北部地区，他们或者成为国家的编户齐民，或者集体依附于中原政权，作为在西北边疆抵御其他民族入侵的军事力量。三国时期，魏、蜀为增加兵力，进一步招徕边疆少数民族内迁，使得军队中的少数民族数量大增。西晋以后，这种特点更加突出。少数民族的内迁在很大程度上弥补了因战乱造成的人口锐减，对于提高社会生产和军事力量也有积极的意义。但是，也有一定的隐患。大量内迁的少数民族，对原有中央政权构成了挑战。

首先，汉人和少数民族人口的比例发生变化。魏初，"西北诸郡，皆为戎居"①。晋时"关中之人百余万口，率其少多，戎狄居半"②。随着大批汉人避乱江东，中原地区的汉人不断减少。这么庞大的异族群体麇集于中央政权的心脏地带，自然是一个挑战。因此，西晋内部以郭钦、江统等为代表的一些官员，极力主张用强制手段把他们迁出去，以防华夷之变。江统还专门写了《徙戎论》一文，提出："当今之宜，宜及兵威方盛，众事未罢，徙冯翊、北地、新平、安定界内诸羌，著先零、罕并、析支之地；徙扶风、始平、京兆之氐，出还陇右，著阴平、武都之界。廪其道路之粮，令足自致，各附本种，反其旧土，使属国、抚夷就安集之。戎晋不杂，并得其所，上合往古即叙之义，下为盛世永久之规。纵有猾夏之心，风尘之警，则

---

① 《晋书·四夷传·北狄》。

② 《晋书·江统传》。

绝远中国，隔阂山河，虽为寇暴，所害不广。是以充国、子明能以数万之众制群羌之命，有征无战，全军独克，虽有谋谟深计，庙胜远图，岂不以华夷异处，戎夏区别，要塞易守之故，得成其功也哉！"①

其次，汉人与少数民族的矛盾不断增加，使得其离心力渐增。内附的少数民族中很多成为汉人世家大族的佃客或奴婢，他们过着悲惨的生活，受到汉人的残酷剥削，甚至被卖为奴。后赵立国之君石勒就曾经被并州刺史司马腾卖与茌平人师懽为奴。②这种民族矛盾在西晋政权内忧的情况下，随即爆发，内迁的少数民族乘乱聚集，加入反抗的队伍，顿呈乱华之势。

297年，居住在雍、秦（今陕西、甘肃）一带的十多万巴（賨）人和氐人为了躲避连年的蝗、旱、饥疫，向梁、益（今四川、陕西）地区迁徙，但西晋政府勒令他们返回，流民们推举巴人李特为首领，起兵反抗。304年，李特之子李雄在成都称王，建立成汉政权。同年，南匈奴单于刘渊自称汉室外裔，打着"绍修三祖之业"的旗号，在山西离石称汉王。刘渊作为西晋的匈奴五部众首领，吸纳了王弥、石勒等起义的胡汉势力，很快占据了青、徐、兖、豫四州。311年（永嘉五年），刘渊的养子刘曜、部将王弥攻陷洛阳，俘虏了晋怀帝。316年，刘曜攻下长安，俘虏晋愍帝，灭亡了西晋。自此以后，北方进入长达一百多年的分裂混战时期，直到439年北魏再度统一，

① 《晋书·江统传》。
② 《晋书·载记·石勒上》。

史称"五胡十六国"时期。五胡十六国计有汉（前赵）、成汉、前凉、后赵、前燕、前秦、后秦、后燕、西秦、后凉、南凉、南燕、西凉、夏、北燕、北凉，其中前凉、西凉、北燕是汉人政权，其余为少数民族政权。此外，还有代国、冉魏、西燕、吐谷浑等政权，共二十国。这些政权存在的时间不同，最长的前凉政权存在 76 年，最短的冉魏政权只有 3 年。以 383 年的淝水之战为界，十六国又可以分为两个时期。淝水之战前，氐人苻坚建立的前秦政权基本上统一了北方；淝水之战苻坚败于东晋，北方的统一局面旋又瓦解，陷于更加剧烈的动荡之中。

386 年，鲜卑人代国王族拓跋珪宣布恢复代国，称代王，同年改国号为魏，都东盛（今内蒙古和林格尔），史称北魏。拓跋部本居住在黑龙江、大兴安岭，后迁徙到漠北地区，再迁至盛乐，与魏晋政权接触。338 年，什翼犍在盛乐建立代国政权。376 年，苻坚灭代。淝水之战后，前秦统治瓦解。395 年，拓跋珪击败后燕，占领黄河以北的山西、河北地区，398 年，拓跋珪建都平城（今山西大同），同时称帝（道武帝）。其孙太武帝拓跋焘（423—452 年在位）时，征服了漠北的柔然，并先后灭掉了大夏（431）、北燕（436）和北凉（439），魏统一北方，结束了近 150 年的战乱，与南朝形成对峙之势。

北魏在孝文帝拓跋宏（471—499 年在位）时期达到顶峰。孝文帝在冯太后的辅佐下，整顿吏治，推行政治及经济改革，改革官制，实行三长制、俸禄制，改革税制、租调制，推行均田制等，减轻百姓负担，缓和阶级矛盾。他亲政后，将都城从平城迁到洛阳，并采用改汉姓、说汉话、穿汉服等汉化政策，加强胡汉族群之间的融合。孝文帝的改革虽然缓和了民族矛盾，但遭到鲜卑族内部保守势力的反对，鲜卑族内部上下层之间的矛盾也逐渐尖锐。宣武帝元恪（499—515 年在位）期间，继续汉化政策，并对南朝发动战争。到他统治后期，外戚高肇专权，统治阶级上层腐败严重，各种矛盾逐渐激化。年幼的孝明皇帝元诩（515—528 年在位）即位后，其母胡太后铲除了其他外戚势力，独揽大权，但遭到领军将军元叉和宦官刘腾的幽禁。523 年，胡太后再度临朝称制，她与孝明帝的矛盾不断扩大。同年，北部边疆的沃野、怀朔、武川、抚冥、柔玄、怀荒六镇军民起义。虽然北魏借助柔然的势力镇压了起义，但皇室内部的权力斗争有增无已。胡太后除掉了孝明帝，又立年幼的元钊为帝。胡太后的专权引发了在镇压六镇起义中崛起的权臣尔朱荣的不满。528 年，尔朱荣以为孝明帝报仇为借口，从晋阳起兵向洛阳进发，在孟津大败朝廷军队，占领洛阳。尔朱荣立元子攸为帝（孝庄帝），将胡太后和元钊沉入黄河，以祭祀为名将 2000 多（一说 1000 多）朝臣招到陶渚（今河南孟津东），将他们全部诛杀，史称"河阴之变"。

"河阴之变"后，尔朱荣控制了北魏朝政，并曾企图自立为帝。530 年，孝庄帝用计除掉了尔朱荣。尔朱荣的堂弟尔朱世隆及侄子尔朱兆等起兵攻打洛阳，俘获并杀害了孝庄帝，先后立元晔和元恭为帝。531 年，尔朱荣的部下、鲜卑化汉人晋州刺史高欢起兵攻打尔朱兆，攻陷洛阳，杀掉尔朱兆所立北魏皇帝节闵帝，立元修为帝（孝武帝）。533 年，高欢攻陷晋阳，尔朱兆兵败自杀。北魏的政权又落入高欢手中。孝武帝不甘于傀儡地位，欲借助斛斯椿、宇文泰、贺拔岳等除掉高欢未果。534 年，孝武帝投靠在长安的宇文泰。高欢则另立孝静帝，从洛阳迁都邺城（今河北临漳），史称东魏。北魏分裂。535 年，宇文泰除掉了孝武帝，在长安立文帝元宝炬，是为西魏。550 年，高欢之子高洋取代东魏，改国号为齐，史称北齐。557 年，宇文觉废西魏恭帝自立，国号周，史称北周。东魏、西魏和北齐、北周间混战不断。577 年，北周武帝宇文邕灭掉北齐，统一了北方。

北周宣帝宇文赟（578—579 年在位）即位后，穷奢极欲，荒淫无道，沉溺于酒色，还立了五位皇后。不久就传位给静帝（579—581 年在位），当上了太上皇。他驾崩后，刘昉和郑译等矫诏，让外戚杨坚（541—604）辅政。杨坚的父亲杨忠是宇文泰的手下，后被赐鲜卑姓普六茹氏，官至柱国将军，封随国公。杨坚在他死后袭爵，深受武帝宇文邕的器重，还将他的女儿杨丽华聘为太子妃。宣帝即位后，他又晋升柱国大将军。杨坚辅政孝静帝后，打败了相州总管尉迟迥等人的反抗，除掉了宇文诸王，稳定了权力。581 年 2 月，他进封隋王，接着逼静帝禅位，自己登基称帝，北周灭亡，隋朝建立。589 年，隋朝灭亡了江南的陈朝，再度统一中国。

随着北方及全国的再度统一，中国的民族关系也有所变化，重心也逐渐由南北对立转变为中央与边疆民族的矛盾。在交往和冲突中，中国的民族融合在隋唐进入一个新阶段，出现了万国来朝的盛世景象。

魏晋隋唐时期，中国面临着一波波的新起族群的冲击，尤其是来自从东北到西北的广袤领域的少数民族。匈奴人最早，鲜卑人继之，之后崛起的是柔然。柔然瓦解后，代之而起的有突厥及回纥等。唐朝中后期，随着这些政权的瓦解，地处东北的契丹、靺鞨（女真）等又相继崛起。这些民族大都处在游牧状态，与中原政权的关系也不固定，或战，或和，或归附，不一而足。少数民族势力强时，则多侵扰战争，弱时则多归附，和亲政策虽是常态，但结果则与双方实力对比直接关联。不过，在晚唐以前，唐朝占据绝对优势，加上政权统一，中央力量强大，即便是常年与边疆的一些民族如吐蕃等战事不断，也没有出现南北朝时期那样的局面，中原政权掌握着主导权，就连安史之乱也没有改变这个基本格局。

隋统一前，北方的突厥势力强大。突厥利用北齐、北周的矛盾和战争，不断侵扰。北齐、北周则争相拉拢突厥贵族，以为己援，突厥无形中占据主动。隋朝取代北周后，隋文帝先是采取和亲厚惠政策，与突厥、铁勒等交好，以免少数民族联合南方的陈朝，对自己不利。平陈后，随着国力的增加，隋文帝又逐渐采取远交近攻、离强合弱的策略，分化打击突厥势力，解除了北部边疆的压力。隋朝还对契丹、吐谷浑等用兵，征服了林邑。到隋炀帝大业初年，"每岁正月，万国来朝"[1]；"相率

---

① 《隋书·音乐志下》。

而来朝者三十余国，帝因置西域校尉以应接之"①。唐高祖在位期间，则利用和亲和忍让政策，希望安抚突厥。唐太宗即位之际，也面临着同样的处境。随着内部割据势力的消除和国力的恢复，他对突厥的政策也逐渐发生改变。630 年（贞观四年），唐太宗集中军队，彻底打败东突厥，扭转了局势。"自是西北诸蕃咸请上尊号为'天可汗'"②；"绝域君长，皆来朝贡，九夷重译，相望於道"③；"四夷君长诣阙请上为天可汗，上曰：'我为大唐天子，又下行可汗事乎？'群臣及四夷皆称万岁。是后以玺书赐西北君长，皆称天可汗"。④

柔然又称蠕蠕、茹茹、芮芮等，崛起于蒙古高原，原来隶属于鲜卑拓跋部，其始祖木骨闾曾是拓跋力微的奴隶，到其子车鹿会时自称柔然。柔然杂合了鲜卑、匈奴及汉人等，有 60 余部，主要分为柔然、鲜卑、匈奴、敕勒、突厥、回纥、西域杂胡和汉人。代国灭亡后，柔然曾一度归附匈奴铁弗刘卫辰部。拓跋珪建立北魏后，曾在 391 年大败柔然。此后柔然利用北魏与其他政权争雄的时机，发展自己的势力。402 年，柔然建国，后频频南侵北魏北部边境。429 年，北魏太武帝拓跋焘率大军大败柔然。柔然大部归降，与北魏和亲通好。在北魏的多次打击下，柔然势力由盛转衰，内部也因权力斗争分裂。

---

① 《隋书·西域传》。

② 《旧唐书·太宗本纪上》。

③ 《旧唐书·魏徵传》。

④ 《资治通鉴》卷 193，中华书局点校本 1956 年版。

520年，柔然被曾经的属部高车打败，刚刚即位的阿那瓌及其从兄婆罗门先后归降北魏，分别被安置在怀朔北的吐若溪泉和故西海郡。北魏分裂后，阿那瓌与双方通婚交好，亦与南朝通使交往，还任用汉人，模仿汉制，吸收汉族文化。552年，突厥部土门起兵，阿那瓌自杀，柔然汗国瓦解。555年，投降西魏的邓叔子（阿那瓌叔父）等3000人被交给木杆可汗诛杀，柔然灭亡。一部分人西迁，余部逐渐融入突厥和契丹。归降中原的柔然人被迁到六镇和平城地区，成为隶户或营户，后逐渐融入汉族。

突厥是隋唐时期中国北方重要的少数民族。突厥人源于叶尼塞河上游，后迁徙到金山（阿尔泰山）地区。5世纪，柔然占据高昌，征服了突厥，突厥人成为其锻奴。突厥人首领姓阿史那氏，到阿史那土门时期，他联合西魏，迁到高昌，势力不断扩大。546年，他乘铁勒攻打柔然之机，突袭铁勒(高车)余部，使其五万余部投降。552年，他打败了柔然，使其可汗阿那瓌自杀，并占据了蒙古高原大部分地区。接着，土门自称伊利可汗，建立汗国。木杆可汗（553—572年在位）及他钵可汗（572—581年在位）时期，突厥人先后将势力扩展到辽河流域，"北方戎氏悉归之"，打败了西部的吐谷浑，势力范围东起大兴安岭，西至撒马尔罕，南至漠北，北到贝加尔湖。

突厥崛起的时代，正值北魏衰落分裂之际，突厥人则充分利用这种有利条件，通过和亲等与周、齐周旋，索取财物，借以自壮，以抗衡乃至"凌轹中夏"。沙钵略可汗（581—587 年在位）时期，突厥多次侵袭隋朝北部边境。隋朝一方面对突厥用兵，一方面加以分化，削弱其势力。583 年，突厥汗国分裂为东西二部。584 年，沙钵略可汗上表请求和亲，归顺称臣。沙钵略表示："窃以天无二日，土无二王，伏惟大隋皇帝，真皇帝也。岂敢阻兵恃险，偷窃名号，今便感慕淳风，归心有道，屈膝稽颡，永为藩附。"①他还派自己的儿子库合真到长安朝觐，隋文帝封库合真为安国公。启民可汗（599—609 年在位）归顺后，隋在朔州为他建大利城，并将其部民迁居到河套南部的夏州和胜州。607 年，他上书隋炀帝："臣今非是旧日边地突厥可汗，臣即是至尊臣民，至尊怜臣时，乞依大国服饰法用，一同华夏。"②炀帝时期，西突厥的处罗可汗归顺隋朝。隋朝将信义公主嫁给他，还从炀帝征高丽，隋亡后回到长安，归顺李唐。619 年，其弟统叶护可汗即位（615—627 年在位），向唐朝遣使入贡，并联合唐朝进攻东突厥。启民可汗去世后，他的儿子始毕可汗（609—619 年在位）即位，"值天下大乱，中国人奔之者众。其族强盛……高视阴山，有轻中夏之志"③。

唐高祖李渊在太原起兵后，采取与始毕可汗联合的策略。始毕可汗则乘机索取，日益傲慢。其弟颉利可汗即位后（620—

---

① 《隋书·突厥传》。

② 《隋书·突厥传》。

③ 《旧唐书·突厥传上》。

630 年在位），"言辞悖傲，求请无厌"。他离间唐与西突厥的和亲，"抄掠中国，百姓被其杀者，不可胜纪"①。626 年，他还率大军进攻长安，打到了城外的渭水便桥北。唐太宗在扫除了内部的割据势力后，开始采取主动出击的策略，以解除突厥的威胁。627 年，薛延陀、回纥等发动起义，脱离东突厥自立。东突厥内部争夺王位，突利可汗归顺唐朝。与此同时，突厥又遭遇天灾。630 年，唐朝出兵东突厥，俘获颉利可汗，东突厥灭亡。658 年，唐朝又灭掉西突厥，西突厥人大部分归顺，部分西迁。682 年，东突厥复国，建立了后突厥汗国，在 754 年被回纥所灭。归顺的突厥人逐渐汉化，多改姓史或赐姓李。

隋文帝时，位于吐鲁番盆地的高昌国王被突厥打败后，有两千人来归中国。609 年，高昌王麹伯雅到中原朝拜，612 年，还曾跟随隋炀帝征高丽，娶华容公主为妻。他返回高昌后，请求推行汉化政策，"先者以国处边荒，境连猛狄，同人无咎，被发左衽。今大隋统御，宇宙平一，普天率土，莫不齐向。孤既沐浴和风，庶均大化，其庶人以上皆宜解辫削衽"②。640 年，唐朝出兵灭掉高昌国，以其地位西（昌）州，推行州县制，其上设安西都护府。唐太宗将高昌王麹智盛等内迁，封其为左武卫将军、金城郡公。

回纥是匈奴人后裔，又称丁零、敕勒、高车，北魏时称铁勒，隋时称韦纥。回纥最早居住在土拉河河北到天山一带，活

---

① 《旧唐书·突厥传上》。
② 《隋书·高昌传》。

动在新疆、甘肃、内蒙古及蒙古国等广大地域，分属东西突厥。开皇末年，杨广北征突厥后，特勒部落分散，后摆脱突厥自立。"特勒始有仆骨、同罗、回纥、拔野古、覆罗步，号俟斤，后称回纥焉。"①贞观初年，菩萨在位时，打败东突厥，归附薛延陀，后又打败薛延陀多弥可汗，兼并其地。646年，回纥向唐朝朝贡、款降，"太宗为置六府七州，府置都督，州置刺史，府州皆置长史、司马已下官主之。以回纥部为瀚海府，拜其俟利发吐迷度为怀化大将军，兼瀚海都督"②。744年，骨力裴罗自称可汗，建立回纥汗国，在鄂尔浑河流域设置牙帐，控制额尔古纳河、伊犁河流域广大地区。788年，改称回鹘。回纥版图最大时，东接室韦，西至金山（阿尔泰山），南至大漠，北达北海（贝加尔湖）。回纥与唐朝保持密切关系，曾帮助唐军平定安史之乱。840年，回纥被所属部落黠戛斯打败，汗国瓦解。大部分人南迁，归附唐朝，余部西走。南迁的回纥后来多融入汉族。

吐谷浑得名于前燕开国君主鲜卑人慕容廆的庶长兄吐谷浑。慕容廆继承慕容涉归的王位后，兄弟二人不和，吐谷浑帅所属1700户西走，"于是乃西附阴山。属永嘉之乱，始度陇而西，其后子孙据有西零已西甘松之界，极乎白兰数千里"③。其孙叶延在位期间，始以吐谷浑为号。叶延之子辟奚被

---

① 《旧唐书·回纥传》。
② 《旧唐书·回纥传》。
③ 《晋书·四夷传》。

苻坚拜为安远将军，辟奚之子视连被西秦乞伏乾归封为白兰王。西秦灭亡后称臣于刘宋，后受封于北魏，为西秦王。北周时期，始称可汗，都伏俟城（今青海共和县石乃亥乡铁卡加村西南）。吐谷浑以青海湖周围地区为中心，分布在甘肃、柴达木、塔里木盆地等地区，与吐蕃接壤，占据丝绸之路的要地。吐谷浑可汗世伏曾娶隋朝光化公主为妻。608 年，隋炀帝派大军击败吐谷浑，占据了部分地区，设西海、河源郡。635 年，唐朝军队在库山（今青海湖东南）打败吐谷浑，其王伏顺投降，被封为可汗、西平郡王，吐谷浑成为唐朝属国。663 年，吐谷浑被吐蕃禄东赞灭掉，部分人投奔凉州，唐朝设置安乐州处之，封其王诺曷钵为刺史。后多次内迁，散居于甘、肃、瓜、沙等州。吐谷浑主要以鲜卑、羌人为主，用鲜卑语和汉语，汉化程度高。

吐蕃是居住在西藏地区的民族，其来源说法不一。①据《旧唐书》记载，吐蕃的祖先是西羌，为南凉秃发利鹿孤的后代。南凉为西秦所灭后，利鹿孤的儿子樊尼投靠北凉沮渠蒙逊，为临松太守。北凉灭亡后，樊尼"率众西奔，济黄河，逾积石，于羌中建国，开地千里"，改姓悉勃野，以"秃发"为国号，"吐蕃"是"秃发"的讹转音。②唐代以前，吐蕃与中原地区没有交往，也不见于典籍记载。6 世纪，居住在青藏高原东南地区雅隆河流域的吐蕃人崛起，并逐渐扩张到拉萨河流域。628 年，

---

① 王钟翰主编：《中国民族史》，中国社会科学出版社 1994 年版，第 309 页。
② 《旧唐书·吐蕃传上》。

松赞干布（628—650 年在位）继承赞普之位，平定了内乱，征服了诸羌及吐谷浑、党项等，统一了西藏，与唐朝接壤。他创设制度，创制文字，制定法律，建立起奴隶制政权。633 年，迁都逻些（今西藏拉萨），正式建国。

634 年，松赞干布遣使向唐求婚不成后，打败吐谷浑、党项、白兰羌，进犯松州，被唐军打败。640 年，松赞干布再次遣使请求和亲。唐太宗派宗室女文成公主入藏与他成婚，双方建立起正式关系。710 年，唐朝又将金城公主嫁与弃隶缩赞赞普。吐蕃与唐朝和亲后，双方设立互市进行贸易。吐蕃引进蚕种及造纸等技术，松赞干布本人"释毡裘，袭纨绮，渐慕华风。仍遣酋豪子弟，请入国学以习《诗》《书》。又请中国识文之人典其表疏"①。唐高宗后期，吐蕃不断侵犯唐朝边境，成为严重的边患。821 年，唐朝与吐蕃立盟，约定"彼此不得征，不得讨，不得相为寇仇，不得侵谋境上"②。到 9 世纪 40 年代，在内部混战和人民起义的双重打击下，吐蕃政权逐渐瓦解。

唐代沿袭并发展了汉代以来的边疆治理传统，主要设都护府和都督府加以管理；同时实行羁縻政策，赋予边疆少数民族自治的权力。

都护府是中央在边疆地区的最高军政管理机关，是在汉魏的传统上发展出来的。汉代曾经设西域都护府（前 60），魏晋时期设立西域长史府，是中央在边疆派驻的军事管理机关。唐

---

① 《旧唐书·吐蕃传上》。

② 《旧唐书·吐蕃传下》。

太宗在打败了周边少数民族政权后，为了维护统一，巩固在边疆的统治，在边疆设立都护府，"都护之职，掌抚尉诸蕃，辑宁外寇，觇候奸谲，征讨携贰"①。640 年，唐朝灭亡高昌后，在此地设立安西都护府。从唐太宗至唐高宗时期，建立了安东、东夷、安北、单于、安西、北庭、昆陵、濛池、安南等九个都护府，管理从东北到西域、西南及岭南等广大边疆地区。到唐玄宗时期，发展成安东、安北、单于、安西、北庭、安南六大都护府。

处于都护府之下的是都督府。都督府源于东汉以来的督军制度，最初由御史奉命临时督军，军事活动结束后即取消。曹魏时期，正式设置都督，负责地方军事，并多使持节行使权力。都督所在地区的民政最初由御史负责，后来则多二任合一，都督也逐渐成为地方的军政长官。北周改都督区为总管区，都督兼任所在州的刺史。隋代以总管为军区。唐初，领兵出征者称行军总管或大总管。624 年，改总管府为都督府，分都督为上中下三等。到唐太宗时期，内地的都督府多撤销，但在边疆地区仍设立都督府，广泛推行羁縻府州制度。"唐兴，初未暇于四夷，自太宗平突厥，西北诸蕃及蛮夷稍稍内属，即其部落列置州县。其大者为都督府，以其首领为都督、刺史，皆得世袭。虽贡赋版籍，多不上户部，然声教所暨，皆边州都督、都护所领，著于

---

① 《旧唐书·职官志三》。又《新唐书·百官四下》："都护掌统诸蕃，抚慰、征讨、叙功、罚过，总判府事。"

令式。……突厥、回纥、党项、吐谷浑隶关内道者，为府二十九，州九十。突厥之别部及奚、契丹、靺鞨、降胡、高丽隶河北者，为府十四，州四十六。突厥、回纥、党项、吐谷浑之别部及龟兹、于阗、焉耆、疏勒、河西内属诸胡、西域十六国隶陇右者，为府五十一，州百九十八。羌、蛮隶剑南者，为州二百六十一。蛮隶江南者，为州五十一，隶岭南者，为州九十二。又有党项州二十四，不知其隶属。大凡府州八百五十六，号为羁縻云。"[1] 羁縻府州的都督、刺史由当地的少数民族首领担任，可以世袭。这些地区保留自己的习俗，实行一定程度的自治。

羁縻府州对于唐朝边疆地区的稳定和发展发挥了积极作用。在唐中期之前，虽然边疆的少数民族时有叛乱，也经常发生战争，但中央的力量整体处于优势，这套管理体制运转还是比较有效的。随着缘边藩镇的设立，节度使崛起，原来的都护府和都督府逐渐式微。唐朝初期，军队的主体是府兵制，"兵列府以居外，将列卫以居内，有事则将以征伐，事已各解而去"[2]。遇到战事，则临时调遣。一旦战事结束，则兵将各归府卫。在这种体制下，边疆地区的常驻军镇不多。唐高宗末年，随着突厥的复国以及与吐蕃等关系的紧张，边境的压力增大，唐政府开始在边境要地设立戍守军镇，并派遣节度使统辖，称为藩镇。藩镇的守军也逐渐由轮换制的府兵变为募兵，由军镇

---

① 《新唐书·地理志七下》。
② 《新唐书·方镇表一》。

将领或节度使个人招募。711 年（景云二年），唐睿宗任命贺拔延嗣为凉州都督充河西节度使，代替都督成为最高军事长官，首开节度使之制。唐玄宗即位后，在"缘边御戎之地，置八节度使。受命之日，赐之旌节，谓之节度使，得以专制军事。行则建节符，树六纛。外任之重，无比焉"①。唐玄宗共设立了平卢、范阳、河东、朔方、河西、陇右、北庭、安西、剑南九个节度使和岭南五府经略使。节度使最初只负责驻地的军务，但为了保证军队给养的效率，朝廷逐渐将财政等权力给予节度使，出现了兼任或充任的现象。节度使集都护和都督权力于一身，不但掌握了军事权力，而且控制了边疆各地的行政，跃居都护府之上。这种新体制虽然在玄宗统治前期的边疆战事中发挥了积极作用，但造成节度使势力过大，成为不稳定的因素，导致了著名的安史之乱，成为唐朝衰乱的重要因素。黄巢起义后，藩镇纷纷自立，李唐政权也土崩瓦解，统一的局面不复存在。中国历史又进入 70 多年的分裂割据阶段——五代十国。

第二节　"蛮族入侵"与西方多族群并存的延续

大约与此同时期，罗马帝国也经历了蛮族入侵的冲击，进一步加深了帝国的内部危机。

---

① 《旧唐书·职官志三》。

4 世纪后半期，居住在中亚地区的匈奴人（Huns）① 西迁。375 年，匈奴人进攻萨珊波斯和罗马帝国的边境，迫使居住在帝国东北边境的哥特人西移，进入罗马帝国境内。入居帝国境内的西哥特人不堪罗马人的欺压，在 378 年发动起义，在亚得里亚堡打败罗马军队并杀了皇帝瓦伦斯，后袭击色雷斯，并迫使罗马人把他们作为同盟者，在下莫西亚定居下来。狄奥多西一世去世后，西哥特人在首领阿拉里克（Alaric I，395—410 年在位）带领下，先后劫掠了巴尔干半岛和意大利，并迫使西部帝国把都城从米兰迁到拉文纳。为了保卫意大利，使之免受阿拉里克等侵扰，406 年末，罗马帝国从莱茵河边境撤防，聚集在北部边境线上的日耳曼人等随即进入帝国，其中有汪达尔人、苏维汇人以及阿兰人等。410 年 8 月，阿拉里克率军攻陷罗马，纵兵焚掠三日。418 年，西哥特人以高卢为中心建立政权（阿奎塔尼亚，后迁都图卢兹）。汪达尔人则渡过莱茵河，

① 国内外学术界对这里所说的匈奴人的起源等问题有不同认识。传统观点认为，这些人就是汉代从中国西迁的北匈奴的后裔，这一观点最早是由法国学者德吉涅（Joseph de Guignes）在 1748 年提出来的。1944 年，奥地利学者赫尔芬（Otto J. Maenchen-Helfen）对这个观点提出系统质疑，认为这些所谓的匈奴人与北匈奴没有关系。国内的一些学者据此将它译为"匈人"，以示区别。近年来，国外一些学者又重回德吉涅的观点。客观而言，这两种观点虽各有理由，但由于文献材料的局限，也都有推测或想象的成分在内，不容易证实，更难以证伪。不过，在这两种观点的背后，似乎都有着相同的心理。民族主义盛行之前，这些人被视为北匈奴人的后裔，很大成分出于欧洲传统的对东方的偏见和恐惧。在民族主义的大潮中，撇清匈奴与所谓"匈人"的关系，也同样掺杂着欧洲的傲慢，为的是展示其民族起源的高人一等。本文从传统说，仍用"匈奴人"译法。

占据了法国和西班牙的部分地区，429 年，他们在首领盖萨里克的带领下渡过直布罗陀海峡登陆北非，以迦太基为中心建立自己的政权。455 年，汪达尔人再度攻陷了罗马。534 年，北非的汪达尔人的政权被拜占庭所灭。信奉伊斯兰教的阿拉伯帝国崛起后，拜占庭在这些地区的统治被阿拉伯人所取代。不仅如此，阿拉伯人还攻入伊比利亚半岛，在 8 世纪初灭掉了西哥特王国，占领了除西北部之外的整个半岛；732 年，查理·马特领导的法兰克联军在普瓦提埃打败阿拉伯军队，将穆斯林的势力阻挡在比利牛斯山以南。

5 世纪 20 年代，匈奴人进入东部帝国，作为盟友为帝国效力。427 年，罗马人撕毁盟约，匈奴人袭击并占据了潘诺尼亚。434 年前后，匈奴人的首领鲁伽（Ruga）去世，他的侄子阿提拉（Atila）和布雷达（Bleda）成为首领，分别控制了匈奴地盘的西部和东部。布雷达迫使东部帝国签订合约，向他缴纳年金。西部的阿提拉则帮助罗马将领埃提乌斯（Aetius），在 437 年摧毁了勃艮第王国。440 年，匈奴人以罗马人破坏条约为由，攻打莫西亚行省首府。447 年，阿提拉以帝国不缴纳年金和不送还逃犯为借口，联合盖皮德人和哥特人等，进攻罗马在多瑙河沿岸的要塞，并进攻君士坦丁堡，迫使东部皇帝签订合约。451 年，阿提拉率大军进攻高卢，攻克梅斯和特里尔，围困奥尔良。埃提乌斯联合日耳曼盟友与阿提拉军队在卡塔罗尼亚平原（夏龙）决战，阿提拉战败，退回潘诺尼亚。452 年，他转而进攻意大利，攻陷阿奎利亚，进攻波河流域的城市，围攻米兰。453 年，阿提拉暴病身亡，454 年，臣服于匈奴人的盖皮德人起义，在内岛（Nedao）之战中打败匈奴人，阿提拉的帝国解体。

5 世纪中期前后，罗马帝国的西部疆域先后被蛮族政权瓜分。西哥特人占据了高卢和西班牙，汪达尔人占据了北非，盎格鲁、撒克逊人占据了不列颠，匈奴人则据有从多瑙河到黑海之间的区域。阿提拉的帝国解体后，东哥特人趁机占据了潘诺尼亚，盖皮德人占领了达西亚，后起的法兰克人则从索姆河流域向高卢渗透。476 年，东日耳曼人奥多亚克废黜了罗马人的皇帝罗慕路斯，占据了意大利。493 年，东哥特人首领狄奥多里克占领意大利，杀掉奥多亚克，建立东哥特王国。553 年，拜占庭大将贝利撒留又灭掉了东哥特王国，建立总督区，以拉文纳为中心，确立对东部的统治。568 年，居住在多瑙河流域的伦巴德人在首领阿尔伯音的带领下占据意大利，建立伦巴德王国。481 年，萨利克法兰克人克洛维建立法兰克王国，开创了墨洛温王朝（481—751）。克洛维以高卢为中心，统一了法兰克。其后继者则吞并了勃艮第，控制了法国、比利时、荷兰和德国西部的广大地区。法兰克王国也成为诸蛮族政权中最强大的一个。

在西罗马帝国政权灭亡前后，主要的蛮族政权已经建立，如西哥特、汪达尔、伦巴德、法兰克、勃艮第、东哥特、苏维汇等，不列颠群岛也出现了盎格鲁－撒克逊人的政权，伦巴德人的政权出现较晚。这些政权的自然地理位置不同，各自的传统也不完全一样，因此在政策上表现出一定的差异性。不过，他们也有一些共同的特点，这一点可以从他们在建立政权过程中编撰的法典看出来。此外，他们所处的社会阶段基本相同，即氏族制解体的阶段，国家机器不健全，没有文字，更没有罗马那样发达的治国术。对他们来说，迅速采纳罗马已有的社会制度并进行针对性的改造，是自然的选择，这一点同样体现在法典中，即罗马的成文法律与日耳曼人的习惯法杂陈。在具体的统治上，则普遍采取区分日耳曼人与非日耳曼人，不同的族群采用不同的法律的做法，不同族群的政治、经济乃至社会地位亦不同。虽然随着时间的推移，不少政权中的法律趋同，但整体上族群差别还是比较明显的。当然，大多数日耳曼统治者在不同程度上承认自己与罗马的承继关系，以示自己的正统与合法地位。虽然在教派上以基督教阿里乌派为主，最近的研究显示，教派的分歧并不影响各个王国与罗马教会的关系。从政治制度的角度来说，各王国之间并没有质的不同（西哥特王国稍异，它在 7 世纪末前后受到法兰克人和阿拉伯人的夹击，一部分领土被法兰克人夺去，其余则成为阿拉伯人的地盘，作为一个独立的政治单位不复存在），从政治机构的设立、具体的运作乃至政治心态，都是如此。此外，大多数残存的日耳曼政权在查理曼统治时期基本纳入了加洛林王朝的版图，因此，以下在讨论时仅以法兰克人的国家为例。

法兰克人进入罗马的视野相对较晚，从文献上判断是在 3 世纪末。法兰克人分为西部的萨利克（Salic）和东部的里普阿尔（Ripuarian）两支，前者主要在莱茵河河口的低地地区（今比利时、荷兰），后者最初在莱茵河东岸地区，与罗马帝国的两个日耳曼尼亚行省隔河相望。3世纪后期开始，里普阿尔法兰克人逐渐向帝国境内渗透，并占据了科隆。4世纪时，部分萨利克法兰克人作为边屯军（laeti）被罗马安置在低地地区。君士坦丁一世时期，法兰克人大量进入罗马军队，其首领里奇德莫尔（Richdmer）和阿尔伯加斯特（Arbogast）成为帝国军队的首脑。法兰克人在406—407年蛮族涌入罗马帝国的大潮中并没有立即行动。后来，萨利克法兰克人逐渐强大起来，并以图尔内（Tournai）为中心，建立了政权。到克尔德里克（Childeric I）统治时，法兰克人与罗马结盟。法兰克人的政权在其子克洛维（Clovis I，481—511年在位）统治时期发生了巨大变化，他率众皈依了正统的基督教，并通过各种手段扩大领土，先后在苏瓦松和巴黎建立政权，将里普阿尔法兰克人纳入版图，统一了法兰克，建立了以其祖父名字命名的墨洛温王朝（481—751）。克洛维先后对外用兵，把西哥特人赶回西班牙。他的后继者们继续他的政策，534年兼并了勃艮第王国，对意大利和莱茵河以东地区用兵。

511年，克洛维去世，他的四个儿子平分了其王国。此后，法兰克王国陷于内争，558—567年间曾一度统一，但旋又陷入内乱。到6世纪末，法兰克王国逐渐形成三大部分：低地地区南部莱茵河以东的奥斯特拉西亚、勃艮第以及塞纳河和卢瓦尔河之间的纽斯特里亚。这几大政治势力之间交互混战，争夺最高的统治权，除克洛塔尔二世（613—623 年在位）和达格伯特（629—639 年在位）时曾短暂统一外，基本上处于分裂状态。墨洛温王朝末期，王权旁落，宫相擅权。751 年，奥斯特拉西亚的宫相矮子丕平在罗马教皇和贵族的支持下废除了墨洛温王朝的国王，在苏瓦松称王，建立了加洛林王朝（751—1120）。加洛林王朝在查理曼时期达到鼎盛，他先后对意大利的伦巴德人、莱茵河以东的萨克森人、多瑙河流域的阿瓦尔人及西班牙的穆斯林用兵，并在 9 世纪初建立起一个庞大的帝国，其领土包括今天的法国、德国、荷兰、比利时、大部分意大利和西班牙半岛的部分地区。

王朝内部血腥的政治斗争严重削弱了法兰克王国的力量，原本势力就很强大的贵族在斗争中占有重要地位，成为左右胜利乃至王权的重要力量。靠他们支持上台的国王也不得不给予他们更多的利益，赠以土地，委以重任，尤其是宫相的职位。613 年，克洛塔尔二世不得不承认纽斯特里亚、勃艮第和奥斯特拉西亚拥有各自的宫相。伯爵也从当地有土地的贵族中选举。在贵族与国王的斗争中，前者逐渐占据上风，国王的领地在不断的封授赠予中缩小，土地成为贵族的基础。宫相是各部落的首领，他们凭借自己的权力，剪除异己，控制国王，最后独霸整个王国。到 7 世纪后期，墨洛温王朝政治斗争的中心由王位之争转变为贵族之间争夺宫相的斗争。687 年，奥斯特拉西亚的宫相赫斯塔尔的丕平击败所有竞争对手，成为墨洛温王朝的唯一宫相。此后，宫相进一步控制了权力，王权减弱。到查理·马特做宫相期间，国王甚至成为摆设。751年，宫相矮子丕平在征询了罗马教皇的意见后，废黜了墨洛温王朝的国王自立，正式开始了法兰克人的加洛林王朝。

806年，查理曼按照法兰克人的传统，准备在死后把帝国分给三个儿子，路易、丕平与查理。但丕平与查理早亡，813年，查理曼在亚琛亲自为其子路易加冕。第二年，查理曼去世，路易正式成为帝国的唯一主人。路易为人怯懦，又任人唯亲，重用原来在阿奎坦统治时期的宠臣，对教会宠爱有加。除了支持向丹麦传教外，他还废除了教会占地的限制，致使教会财富大增。816年，他接受了教皇的加冕，还承认了教会的世袭财产。在这种情况下，教会的独立性越来越强，逐渐扭转了原来的不利局面，成为制约世俗的重要力量。路易的教会政策遭到贵族的反对，他的裂疆政策也遭到儿子们的反对。虽然他有教会的支持，但仍然无法阻止内乱。823年，他的小儿子秃头查理出生，由于他的生母坚持自己的儿子也应该得到一份土地，因此，路易宣布817年的分疆无效。他的三个儿子在贵族的支持与帮助下，与他兵戎相见。840年6月，路易去世，帝国在平分的基础上又展开了新一轮的权力角逐。

秃头查理与日耳曼路易联合起来进攻长子洛塔尔，经过一番混战，兄弟三人于843年在凡尔登达成协议，三分帝国。长子洛塔尔据帝国中央，领土从低地地区直到意大利；日耳曼路易占据莱茵河以东的地区；些尔德河、马斯河和罗讷河以西的地区归秃头查理。虽然洛塔尔继承了帝号，位居二者之上，但均势很快就被打破。855 年，洛塔尔去世，中法兰克尼亚被其三个儿子平分，长子路易继承帝号并拥有意大利，次子查理占据普罗旺斯，三子洛塔尔占据其他地区。查理和洛塔尔无后，870 年 8 月，秃头查理和日耳曼路易瓜分了他们的领土。此后，在贵族与教会的纷争中，政治混乱不堪，888 年，胖子查理去世。法兰克政权瓦解，国家彻底陷于普遍的混乱中。

除了各王国之间的权力斗争外，王国内部也危机重重。由于各王国都是在贵族的支持下求得稳定的局势的，贵族的势力强大，成为左右王权的重要力量。他们在支持国王的同时，不断向各国王提出要求，以扩大自己的势力。国王为了确保自己对外战争的胜利，不得不向他们让步。843 年，西法兰克尼亚国王秃头查理不得不向亲近的贵族和封臣们许诺不再随意收回他们的采邑。随着境内贵族的起义加剧，他的领地越来越少，王权名存实亡。为了抗击诺曼人的入侵，他不得不设置新的边区，对这些地区的贵族委以重任。这些贵族在抗击入侵的同时，又发展为强大的地方势力，迅速瓦解着王权。877 年，秃头查理发布敕令，承认伯爵的儿子可以继承采邑，同时认可了大贵族任命巡按使的权力。东法兰克尼亚同样经历了贵族的大起义，王权极度衰微，社会日益陷入分崩离析的无政府状态。

在普遍的混乱中，新的入侵彻底击溃了仅存的王权及政府机构。北方的诺曼人冲击着帝国的北部及西北部，环地中海地区则有阿拉伯人的侵扰，东方新兴的马扎尔人（匈牙利人）在向西推进。名存实亡的中央政府无论从财政和军事上都无法组织起有效的抵抗，只能依靠地方贵族，并不断授爵封土，致使地方贵族的势力膨胀，与王权分庭抗礼，并最终取而代之。

法兰克人的国家政权在查理曼去世后的几十年内解体，与其最高权力的承袭制度有很大关系。

在法兰克人的政治理论与实践中，始终存在着一个有限集团的权力共享或均分的传统。无论是法兰克人还是其他日耳曼诸族，都是如此。对日耳曼人来说，传统的平等观念仍然存在，既没有固定的王位继承，也没有严格的血统观念。一般而言，王位的承袭是在家族的范围内通过选举的形成产生，没有嫡长子继承的制度。虽然这种情况在克洛维统一法兰克后有所改变，变为由他的儿子继承王位，但平分的传统仍然存在，并一直成为法兰克人政治生活的特点。虽然国家基本处于统一状态，甚至出现查理曼的大帝国，但从理论上说，一人独占帝国并非政治的本意，国家的统一不是常例而是特例，是一些偶然因素的副产品。克洛维把国家平分给四个儿子。查理·马特把权力分给两个儿子，由于哥哥进了修道院，丕平才独自统治。768 年，丕平将国土分给两个儿子查理和卡洛曼，卡洛曼于781 年去世，查理霸占了侄子的领地。他在 806 年计划把国家分给三个儿子，后来由于查理和丕平去世，虔诚者路易才得以独自继承国家。路易先后两次分配疆土，四个儿子各有所得。843 年后，这种平分的传统也仍在延续。

第三章　文化发展

在思想文化领域，魏晋至隋唐时期的中国和西方也有很大的相似之处。双方都面临着外来信仰的传入或新宗教的兴起，对传统信仰形成冲击。佛教传入中国，道教兴起，佛道二教发展迅速，对传统的儒家思想产生冲击。基督教在罗马帝国异军突起，向传统的希腊罗马多神信仰发起挑战，并最终取而代之。

第一节　中国文化的连续性发展

佛教产生于公元前 6 世纪的印度，大约在公元前后经西域传入中国。① 佛教传入中国伊始，主要在来华的西域人中流传，

---

① 佛教何时传入中国及传入路线，学术界有不同的看法。一般说来，东汉明帝永平年中遣使西域求法是公认的佛教传入中国的开始。汤用彤认为可能还要早些，据三国魏鱼豢《魏略·西戎传》中记大月氏王使伊存授《浮屠经》事，可以上推到西汉末年。按照这种说法，则佛教入中国约与基督教创始人耶稣的生年差不多同时。参见汤用彤：《汉魏两晋南北朝佛教史》，中华书局 1983 年版，第 34—36 页。

中国人剃度出家的不多。从较早的楚王英及汉明帝祀佛等故事可以推测，佛教最早可能是在社会的上层流传。东汉末年，佛教逐渐传播到社会的其他阶层，中国人出家的现象开始出现。《后汉书·西域传》载："桓帝好神，数祀浮图、老子，百姓稍有奉者，后遂转盛。"《后汉书·陶谦传》《三国志·吴书四·刘繇传》也记载了笮融在徐州、扬州等地"大起浮图祠"，可见民间的佛教信仰在那时已经达到相当的规模。魏晋以降，佛教在中国的发展很快，并在南北朝时期达到新的高度，从帝王到百姓纷纷信佛，大小寺庙遍布全国。一方面，佛教在理论上有了大的发展，大量的佛经被译成汉文，还出现了道安、慧远等高僧，中国佛学宗派得到初步的发展。另一方面，佛教在实践过程中形成一套较为完备的制度，并纳入政府的管理体系。

　　佛教作为一种外来宗教，能够在中国立足并受到社会各阶层的青睐，其中的原因是多方面的，既与当时的战乱及社会经济凋敝有关，也与佛教本身的特点，社会上谶纬鬼神、阴阳等方术泛滥及知识界尊黄老、尚老庄的风气密不可分。随着佛教的发展，佛寺及僧人获得了一些特权，可以免除对国家的赋税及军事义务。这种政策进一步刺激了人们皈依佛门的愿望，佛教成为社会各阶层尤其是中下层追逐的对象。佛教的发展甚至达到泛滥的程度，影响了社会的正常秩序，以至于政府不得不采取限制措施，北魏太武帝、北周武帝、唐武宗都曾经采取禁止佛教的措施。

　　佛教传入中国后，得到各阶层、各民族的认可，对于缓和民族矛盾起了一定的作用。佛教在中国的传播过程中不断适应环境，与中国固有的文化进行融合，使中国人易于接受。中国原有的天神加祖先的崇拜经过儒家思想的洗礼，已经与伦理道德融为一体，具有了神道设教的意义。佛教最初曾与这种传统发生冲突。佛教讲出家，不尽君臣父子的义务，因而被视为不忠不孝。这种冲突在《牟子理惑论》中已经有所体现。虽然也有僧人企图维护佛教本来面目，但在中国这种办法行不通，只好与中国文化传统妥协，不断向这一传统靠拢，现在《大藏经》里还有一些讲忠孝的经，其实这些都是经过中国文化洗礼的成果了。佛教与中国文化的融合并非完全被动，也有主动的情况。佛教从西域刚传入中国的时候，为了迎合当时宫廷流行的阴阳谶纬学说，还非常重视方术道法，像佛图澄、鸠摩罗什等都精于此道，并因此深得帝王的信任。佛教的传播对传统的信仰造成了冲击，但佛教并无意取代或消灭其他信仰，也没有从根本上改变各派的地位及格局，尤其是儒术在政治上的主导地位。虽然大多数中国的帝王都尊崇佛教，但并没有出现把佛教上升为主导意识形态的现象。对帝王而言，奉佛除了有助于维护统治或确立合法性外，更多以个人的修身养性或作为一种学问研究为目的，治理国家则要靠儒家，二者并不冲突。姚兴、梁武帝等既崇佛学，又倡儒学，北周武帝则把儒学放在首位。中国文化也没有拒斥佛教，魏晋时期，佛家思想对玄学的形成与发展产生了一定的影响。

在佛教传入后不久，中国的本土宗教道教开始出现并逐渐流行。桓帝末年，沛国奉邑（今江苏丰县）人张道陵（34—156）在江西龙虎山创立正一明威之道（又称正一道、天师道或五斗米道），后入蜀，广收门徒。其孙子张鲁在汉末甚至一度在汉中建立了割据政权。183年，巨鹿人张角据《太平经》（《太平清领书》）创立太平道。在短短十多年时间里，太平道就传播到各地，成为黄巾起义的主力，发展很快。道教融合了黄老学说及神仙方术等思想，以炼丹修道、符箓治病等招揽信徒，同时也吸收了许多佛教的内容，这可以从道教的《太平经》中看出来。[①] 有些人甚至干脆把佛教视为道家的支系，西晋的道士王浮还作了《老子化胡经》，为这种说法造舆论。当然，佛教在发展过程中与儒家和道教也存在冲突与竞争，学术界也有"夷夏论"的争论。不过，总体而言，三者的相互借鉴也很多，逐渐出现三教合一的趋势，因而有"周孔即佛，佛即周孔"的说法。三教殊途而同归的思想逐渐成为当时知识界的主流观点。可以说，佛教的发展进一步丰富而非阻断了中国的传统文化。

从文化上来说，这个时期的中国虽然在政治上处于混乱期，但在文化上却是大发展的繁荣期，是继先秦"百家争鸣"以后中国历史上的又一次思想文化活跃期。

魏晋时期，玄学崛起，成为知识界竞相追逐的时尚，对传统儒家经学提出了挑战。虽然经学一度受到冲击，但其群众基

---

① 汤用彤：《汉魏南北朝佛教史》，中华书局1983年版，第75—76页。

础和在社会上的影响仍然很大，其作为古代学术传统主要支柱的地位没有改变，仍是治国的基础。南北朝时期，经学分为南北两支，北方以少数民族政权居多，经学却延续了汉代的传统，南方经学则受魏晋玄学影响更大。相对而言，北方的经学比南方更加兴盛，出现了一些重要的中心，而且在后秦、前凉、北魏及北周时曾经盛极一时。[1] 无神论思想进一步发展，到齐梁之际的范缜（约450—515）达到顶峰，他著有《神灭论》一书。中国自先秦以来就形成的汉语不但是汉人的共同语言和书面语，而且为少数民族所普遍接受。魏晋南北朝时期，在少数民族及外来文化的影响下，汉语在声韵等方面也有了很大发展，汉语的流传和使用范围在不断扩大。这个时期中国的少数民族多数只有语言没有文字，部分民族有自己的文字，如突厥、回纥、吐蕃等（北魏拓跋政权曾经将汉语经典译为鲜卑语，称国语，但因资料缺乏，不知道是否形成了文字体系），但汉语也在一定范围内使用。随着族群独立性的消失和不断融入，少数民族的语言也不复存在，汉语成为通用书面语言。文学艺术等领域尤其引人注目。文学创作的题材进一步丰富，南北朝时期以骈体文为主，到唐代诗歌臻于鼎盛。南朝齐出现了中国古代第一部文艺理论巨著刘勰（约465—约521）的《文心雕龙》，梁昭明太子萧统（501—531）主持编辑了中国现存第一部诗文总集《昭明文选》。这个时期还是史学的繁荣期，

---

[1]　刘家和：《古代中国与世界——一个古史研究者的思考》，北京师范大学出版社2010年版，第342页。

中国史学发展进入第一个高峰时期，在编纂体例和数量上都有重大飞跃，史馆制度化也逐渐完备。以北方十六国为例，史学不仅没有中断，而且相当繁荣。据《隋书·经籍志·霸史》和《史通·古今正史·十六国史》记载，十六国的史书有 26 种（271 卷）之多。隋唐时期史学更是大发展。

在艺术方面则出现了钟繇、王羲之、王献之、顾恺之等著名的书画名家，到唐代则有书法家欧阳询、虞世南、颜真卿、柳公权、怀素和画家阎立本、吴道子等。佛教造像艺术在这个时期兴起并得到快速发展，主要有云冈石窟、龙门石窟、敦煌莫高窟等，既是中国古代雕刻和绘画艺术的杰出成就，又是中外文化交流的见证和结晶。

这个时期的科学成就也极为突出。曹魏时期的数学家刘徽（约 225—约 295）著有《九章算术注》《海岛算经》，不但对很多问题提供了证明，而且提出了"割圆术"，用科学的方法计算圆周率，精确到小数点后 5 位，在代数几何领域都做出了杰出贡献。南朝宋齐数学家天文学家祖冲之（429—500）在刘徽、何承天等前人基础上，将圆周率精确到小数点后 7 位，其创立的"祖率"公式对度量衡等器具的改进提供了正确的理论基础。他还提出更加准确的闰法，提出并准确计算出了"交点月"，还将其提出的岁差应用其撰写的《大明历》中。祖冲之制造了指南车、千里船等，改良了水碓磨。北魏郦道元（约 466—527）的《水经注》是中国地理学名著，贾思勰的《齐民要术》则是中国现存第一部完整的农业百科全书。

第二节　西方文化的断裂式转轨

约在佛教传入中国的同时期，基督教在罗马帝国境内出现，并与罗马传统的信仰渐成竞争之势。宗教信仰在古代罗马社会中占有重要的地位。罗马帝国传统的宗教信仰是以朱庇特为首的多神信仰，这种信仰是罗马人开拓疆土的重要动力，也是罗马人民族优越感和自豪感的重要体现。但随着罗马帝国的建立及社会矛盾的加深，传统的信仰逐渐出现危机。公元1世纪初，在罗马帝国内部的巴勒斯坦地区兴起了基督教，并逐渐成为与传统信仰相抗衡的重要力量。

作为从犹太教内部发展起来的一种新宗教，基督教最初的信徒仅限于犹太人，人数也不多，并以社会下层为主，基本是中下层人的宗教。基督教反对犹太教的形式主义和一些狭隘的礼仪，因而遭到正统犹太教徒的反对。与此同时，它的一神论信仰又与罗马传统的多神信仰发生冲突。基督教在其发展的最初300年间，曾经多次遭到罗马帝国的迫害。但是，在双重的夹击下，基督教不但生存下来，而且逐渐发展壮大。到公元2世纪初，基督教摆脱犹太教独立，从一个民族的宗教转变为普世性的宗教；在地域上也越出巴勒斯坦向地中海沿岸发展，教会组织遍布帝国的许多城市；信徒的组成也变得多元化，信教的主体也由犹太人转变为希腊人、罗马人。不仅如此，基督教还在实践中形成了一套正统的体制和神学，确立了经典。到公元4世纪初，基督教已经深入到罗马社会的各个角落，成为一支不可忽视的政治力量，对政局产生影响。君士坦丁之所以能够打败所有竞争对手并独霸帝国，是与他的亲基督教政策分不开的。他也认为获胜靠的是基督的保佑。

基督教的生存环境在君士坦丁一世统治期间发生了巨大的变化。首先，313年的米兰敕令使基督教获得了合法的地位，为进一步的发展扫清了障碍。其次，君士坦丁给予教会和神职人员一系列优惠政策，免除了神职人员对国家的经济和军事义务，允许教会接受捐赠并免除一些税负。最后，君士坦丁还在去世前接受了洗礼，正式成为基督徒。君士坦丁的这些措施对于基督教的发展产生了深远的影响，使它在与传统信仰的竞争中不断占据有利位置，并最终取而代之。狄奥多西一世统治时期，基督教成为国教。公元392年，他下令禁止基督教外的所有信仰，全面废除罗马传统的宗教信仰。经过300多年的发展，基督教最终取代了罗马的传统信仰。

基督教发展的脚步并没有随着帝国的衰亡而停止，相反，它却在不断壮大。各蛮族政权在建国后纷纷皈依基督教，并与教会建立了密切的关系，把基督教作为加强统治的重要工具。蛮族政权中除了法兰克人外，信奉的都是被罗马教会视为异端的阿里乌派。496年，克洛维皈依罗马教会。法兰克人势力的发展也与罗马教会的支持密不可分。法兰克国王还积极推广基督教，除了派遣传教士外，还用武力方式强迫被征服地区皈依基督教。查理曼每征服一个地区，就首先派遣教士建立教堂，基督教也随着法兰克人的扩张逐渐在莱茵河和易北河之间的日耳曼腹地发展起来。10 世纪以后，基督教逐渐传播到北欧、中欧、东欧地区。

在基督教不断发展的同时，传统文化却在逐渐衰落。

罗马的哲学传统被基督教神学所取代，是学术传统的最大变化。希腊罗马历史上哲学的地位大致相当于中国的经学和子学，对于其思想文化的发展起到了决定性的作用。罗马帝国初期以前，各哲学流派并存，并相互竞争。但是罗马的这些哲学流派始终停留在少数知识精英的层面，且脱离社会现实，所以其基础和生命力都非常有限。基督教出现后，这些哲学流派普遍受到前者的批判和否定，双方也发生过多次论战。随着基督教独尊局面的形成，哲学彻底败下阵来，沦为神学的附庸，甚至消失。529 年，罗马皇帝查士丁尼下令关闭异教学校，禁止异教哲学家从业。基督教的神学成为新的学术传统。

在文学艺术领域，古典的传统也在衰落。罗马共和国末期，罗马文学进入黄金时期，有西塞罗、凯撒、撒路斯特、瓦罗等人，他们都用拉丁文写作。到奥古斯都时代，则出现了维吉尔、贺拉斯、奥维德、李维等诗人，他们的作品是拉丁文学的最高峰，也成为后世文学的典范。到 2 世纪末前后，罗马的文学就趋于沉寂，除了阿普雷乌斯外，影响大的作家和作品不多。4 世纪后半期到 5 世纪，罗马的文学领域曾经一度活跃，出现过西马库斯（Quintus Aurelius Symmachus）、奥索尼乌斯（Ausonius）、鲁提里乌斯（Rutilius Claudius Namatianus）等，但他们既无法与帝国初期的诗人相媲美，更无法与不断扩张的基督教文学相抗衡。

从史学的角度来看，古典拉丁史学在 4 世纪末就已经衰落了，罗马历史家在阿米阿努斯·马塞里努斯（Ammianus Marcellinus，约 330—约 391—400）之后，影响大的就很少了。基督教史学及基督教史观占据了主题。历史的内容以基督教为主，历史也成为人类的救赎史。在体裁上则以零散的年代记及编年史为主，同时兴起了圣徒传。历史的编写工作全部由教士或修道士担任，从罗马帝国灭亡到查理曼帝国解体前后，唯一的世俗史家是查理曼的外孙尼特哈德。古典史学传统虽然在东部帝国继续存在，但除了 6 世纪的普洛柯比乌斯，其他也乏善可陈。无论在数量上还是质量上，这个时期的历史著作都很难与之前时期相提并论。

罗马帝国后期，传统教育领域也在衰退。罗马传统的培养公民的修辞教育市场逐渐萎缩，公民受教育的人数越来越少。相反，基督教的学校越来越受青睐。西部帝国解体之后，社会的文化水平大跌，以至于都尔的主教格里高利在 6 世纪末发出文学终竭、学问消失的哀叹。各蛮族政权的文化水平普遍不高，大都对文化事业也不感兴趣。东哥特人国王狄奥多里克和法兰克人国王查理曼例外，后者在位期间，延揽人才，兴办教育，奖掖学术，改革文字，取得了一定的成就，因而出现了所谓的"加洛林文艺复兴"。但这个思想文化活跃的短暂高潮在他去世后很快就烟消云散了，并没有改变在整体上的文化低落局面。

　　欧洲始终没有形成统一的文字。虽然罗马帝国有官方的语言，但并没有强制统一的语言和文字，帝国各民族大都保留着自己的语言或文字。罗马人最初全面学习希腊文化，知识界把希腊文作为高贵的象征，因此希腊语是通行的书面语言。拉丁语虽然是罗马人自己的方言，但在公元前1世纪前的地位并不高。后来虽然有所提高，但并没有取代希腊语成为唯一的语言，帝国境内始终存在东部的希腊语和西部的拉丁语两大语支。日耳曼人虽然在语言上同属日耳曼语族，但操不同的方言，他们在进入罗马帝国前并没有自己文字。这些说不同方言的族群在具体的实践中结合所在地区的原有语言，形成自己的文字，并成为日常交流的主体。西部帝国解体后，虽然拉丁文保持了书面语言的地位，但它逐渐演变成纯书面语，而且难以掌握，只有少数知识精英懂得，不再是日常的交流语言。欧洲语言多样化发展的速度很快，也为各地区的交流增添了难度。到842年查理曼的两个孙子在斯特拉斯堡宣誓结盟时，双方军队的语言已经差别很大了，要同时用古法语、古德语和拉丁文宣誓并撰写文本。欧洲民族语言的基础正是在这个时期奠定的。随着阿拉伯人的西侵和斯拉夫人的迁徙，欧洲形成希腊语族、拉丁语族、日耳曼语族、斯拉夫语族及闪米特语族等共存的局面。

　　基督教反对狭隘的民族意识，这对于不同民族的交流与融合及社会的稳定无疑有积极的作用。但是，基督教因为信仰唯一的神耶和华并反对一切形式的偶像崇拜，因此它对于异己宗教和文化是不宽容的，是极力排斥并加以否定的。早期教父们花费了大量的精力来与犹太教及希腊罗马传统信仰论战。罗马人有自己的宗教，原来是城邦保护神性质的，后来又成了帝国的国教，皇帝本人兼任最高祭司。帝国内部其他各族各有自己本族的宗教，但是罗马国教处于最高的特权地位。这种宗教自然是与罗马文化传统相一致的。基督教对这种多神信仰和文化是坚决反对的，德尔图良曾经说过："雅典与耶路撒冷有何相干？学苑与教会何来一致？"①罗马与基督教不仅毫不相干，实际上更是敌人。在早期教父的眼里，罗马与巴比伦一样是基督的敌人，是异教的代表及邪恶的化身。这种思想在奥罗修斯的《反异教徒七史》中体现得很明显。在很大程度上基督教发展的过程就是传统罗马宗教消亡的过程。从格拉提安（367—383 年在位）开始，皇帝放弃了大祭司的称号，宗教政策也随之发生变化。罗马宗教政策的这一转变，固然是为了维护帝国统治，可是帝国未能维护下来，罗马历史文化认同的传统却被打断了。基督教则利用自己的特权地位，趁机采取各种措施消除异教信仰，摧毁神庙和祭坛。经过基督教的洗礼，不但罗马传统的信仰消失了，就连其他民族的宗教也消失了，包括蛮族在内的各民族逐渐统一在基督教下，形成以基督教为认同的文化。欧洲在基督教方面的认同并没有促成政治上的认同或统一。一方面，基督教内部始终存在不同的派别，并引发了正统

---

① Tertullian, *The Prescription Against Heretics*, 7. 这里的学苑指的是柏拉图在雅典创办的 Academy。

与异端之间的矛盾和斗争，东部的君士坦丁堡和西部的罗马争夺教会领导权的斗争也没有中断，最终还走上分裂的道路。另一方面，虽然西部的拉丁教会逐渐形成了一个以罗马教廷为中心的教权统一势力，也有教皇乃至教皇国，但它实际上成为一个世俗的分裂势力，在意大利乃至欧洲逐权夺利，与世俗王权（包括皇帝）矛盾重重。所以，基督教的发展不但阻断了传统的文化，而且进一步加剧了欧洲在政治上的分裂局面。

总之，在这个时期，西方的传统文化不断衰落并出现了中断，最终被基督教文化所取代。西方的历史和文化转向了一条新的发展道路。

下　篇
魏晋至隋唐时期中西民族
关系发展异同的原因

第四章　民族结构的异同

魏晋至隋唐时期，中国的民族融合进一步加强，西方则没有出现这种局面。这种巨大的差异与各自的民族结构关系密切。

第一节　民族迁徙

在这个时期，中国和西方都经历了民族移动的大潮，但双方的迁徙之同中还是有所差异的，产生的影响也大不相同。

一、双向与单向

中国的族群迁徙是双向的，既有胡族由边疆进入中原，也有汉人由中原向边疆扩散。边疆民族向中原地区的迁徙很早就开始了，尤其是匈奴。东汉时期，南匈奴内附汉政权，被安置在河套地区。汉末，曹操将归顺的匈奴分为五部，安置在平阳郡。与此同时，大量胡人自发涌入关中，与汉人杂居。五胡十六国及北朝时期，胡人纷纷南下，乃至入主中原，到北魏孝文帝时，更是将都城迁到了洛阳。隋唐时期，边疆民族内迁的步伐也没有停止，政府对他们进行集体安置，少数民族的上层常年居住在长安。

在胡人进入内地的同时，汉人也在向外迁徙。八王之乱时期，关中的士人为逃避战乱，西迁凉州，投奔刺史张轨。"永宁中，张轨为凉州刺史，镇武威，上表请合秦雍流移人于姑臧西北，置武兴郡，统武兴、大城、乌支、襄武、晏然、新鄣、平狄、司监等县。又分西平界置晋兴郡，统晋兴、枹罕、永固、临津、临鄣、广昌、大夏、遂兴、罕唐、左南等县。"① 张轨此举不但奠定了前凉政权的基础，也使得凉州成为魏晋南北朝时期的一个重要政治和文化中心。与此同时，一些人则从汉中随巴人李特集团向巴蜀地区迁徙。永嘉之乱后，中原地区的移民规模加大。第一条线路是南迁，越过淮河到长江中下游流域，也就是一般所说的衣冠南渡。这次大规模的迁徙不但带来了政治中心的转移，奠定了南北对峙的基础，而且带来经济重心的南移和文化的南扩。第二条线路是向辽东地区，投奔当时盘踞幽州的王浚、平州刺史崔瑟、辽西的鲜卑段部和慕容部等。慕容廆专设冀阳郡、成周郡、营丘郡、唐国郡，分别安置冀州、豫州、青州、并州等地流民。此外，还有从中原向北方的并州及南方的荆襄地区的迁移。类似的现象在隋朝末年战乱

---

① 《晋书·地理志上》。

时也有发生，中原地区的汉人避难到西域和辽东半岛等地，甚至在突厥的扶持下建立后隋政权。中原汉人向边疆流动是经常现象，也是中国古代历史的一个特点，边境少数民族中也多混杂着汉人。这些自发的移民加上因战争等大规模的、频繁的政府强制移民，[①] 不但促进了民族融合，而且扩展了中国的文化疆界。

罗马帝国的移民有所不同。罗马在向外扩张的过程中，把移民作为加强统治的一个重要手段，先后在意大利半岛及帝国的其他地方建立数百个殖民地。罗马人的殖民地最初是在被征服地区设立的防卫性军事要塞，由政府选派罗马公民或拉丁人建立，人数一般为 300 人。到帝国时期，殖民的主力变为退伍军人，殖民地也成为军事和农业结合的据点。帝国中后期，随着扩张的停止，罗马的殖民也逐渐停止。此后，虽然殖民地仍有所增加，但并非直接移民，而是通过原有城市升格而成的。此外，对于被征服地区，除了战俘外，罗马很少采取将居民集体迁徙的措施（犹太人除外，他们在反抗失败后被驱散到各地），帝国境内各个族群间的大规模流动也很少。在蛮族进入帝国之前，官方移民活动基本已经停止了。

4 世纪末，当蛮族在匈奴人的压力下向帝国境内迁徙的时候，并没有出现罗马人向外迁徙的现象。不仅如此，罗马政府

---

① 　[日] 三崎良章：《五胡十六国：中国史上的民族大迁徙》，刘可维译，商务印书馆 2019 年版，第 244—253 页；李凭：《北魏平城时代》，上海古籍出版社 2014 年版，第 270—276 页。

还采取了收缩政策，放弃了边境的防守，尤其是莱茵河沿线，不列颠地区干脆全部放弃。随着罗马的退缩，居住在莱茵河东岸和多瑙河北岸沿线的蛮族也乘机过河，到了高卢等地，并从西班牙到了北非。进入帝国的蛮族则采取了族群分治的措施，这种态势直接造成罗马文化边疆的萎缩，也不利于族群的融合。

二、融入与独立

从民族迁徙的结果来看，中西的差距当然巨大。中国境内的胡人后来基本失去了独立的族群身份，融入到了汉人为主体的中华民族中（五胡中只有羌作为族名保留至今）。隋唐时期的少数民族中，柔然、突厥、回鹘等内附的部分，也逐渐融入汉人的群体中，没有内附或迁徙的，则继续存在、发展。

西方则形成多族群并立的局面，连原来的"罗马人"这个概念也瓦解了，①被区域概念所取代，如意大利人、西班牙人、高卢人等。在进入帝国的蛮族中，部分族群在政权结束后也消失了，部分则仍然保持下来。为什么会出现这种现象？笔者认为，除了政权的保障因素外，还与蛮族迁徙的频率及其与罗马

---

① 帝国时期，罗马人是公民的同义词。西部帝国结束后，罗马人逐渐变成区域性概念。东部帝国继续以"罗马帝国"自居，居民自称"罗马人"，直到帝国灭亡。虽然罗马帝国不复存在，但观念层面的"罗马人"和"罗马帝国"仍然存在，在后来的历史中被称为"治权转移"（translatio imperii）。按照这种理论，永恒之城罗马并没有灭亡，只是统治权和区域发生了转移。10 世纪以后，欧洲不少政权就利用这种说法，以罗马继承人自居。

关系的亲疏程度有关。

　　大致说来，迁徙频繁或受罗马影响深的族群大都消失了，反之则多延续了下来。前者有匈奴人、阿兰人、汪达尔人、哥特人、勃艮第人、苏维汇人、伦巴德人等，其中日耳曼人中以东系居多，后者则主要是以法兰克人为代表的西日耳曼人。无论进入罗马帝国的匈奴人与由中国西迁的北匈奴有没有直接关系，他们从 4 世纪就一直在向西迁徙，而且始终没有形成稳固的基础。虽然来势汹汹，但其帝国也转瞬即逝，很快也就瓦解消失了。哥特人、汪达尔人、苏维汇人等在 2 世纪中期已经迁徙到多瑙河中下游地区，在帝国边境地区生活，与帝国有商贸等往来。4 世纪后半期，他们在匈奴人的压力下被迫再次辗转迁徙，哥特人从帝国腹地到了高卢、西班牙，汪达尔人、苏维汇人等则渡过莱茵河，到了高卢和伊比利亚半岛，汪达尔人和阿兰人继续向南到了北非。伦巴德人也是先移居潘诺尼亚，然后再到意大利。频繁的迁徙和战争无疑对人口的增长不利。与当地人群相比，蛮族人口所占比例很少，据估计在 2% 到 10% 左右。[①] 汪达尔人到非洲，人口只有 8 万。这些政权建立之初，往往采取与当地人分治的政策，族群间的通婚也有很多障碍。此外，这些族群与罗马接触较早，长期在帝国军队中服役，罗马化较深，体制上也基本沿用罗马旧制。他们大都缺乏自己的民族书面语言，虽然乌尔菲拉曾经创制了哥特文字，但并没有

---

① ［英］克里斯·威克姆：《罗马帝国的遗产：400—1000》，余乐译，中信出版社 2019 年版，第 134 页。

真正得到推行。6世纪中期开始，哥特语走向衰落，到8世纪末，基本消失。伦巴德人进入意大利后，采用当地的拉丁方言，用拉丁文编纂法典，其语言到8世纪也基本消失。汪达尔人在被查士丁尼一世下令驱散到各地后，其语言也不复存在。随着政权的结束，这些族群也就消失了，被原来的族群所同化，其中西哥特人融入了西班牙，东哥特人及伦巴德人则融入意大利，汪达尔人则融入了北非的土著居民，部分俘虏被迁到君士坦丁堡。

西日耳曼人的情况有较大不同。他们与罗马人接触的时间相对较晚，直到3世纪才到了帝国的莱茵河下游地区。358年，萨利克法兰克人以同盟者的身份定居在帝国境内，而法兰克人真正展露头角时，已是5世纪末了。可以说，他们的罗马化程度整体上并不深。此外，西日耳曼并没有像其他支系那样频繁迁徙。他们以莱茵河和维斯河为大本营，逐步向南，先统一了法兰克尼亚，再向高卢、意大利等帝国腹地扩张。这种步步为营的扩张模式避免了大规模的族群移动，使法兰克人有稳固的后方，为其政权的长期存在提供了人力和物力支持。这种现象在哥特、汪达尔等政权那里是没有的。由于没有大规模的迁徙，法兰克人传统的政治和社会制度相对完整地保留下来，语言也没有中断，尤其是在罗马化较小的东法兰克（奥斯特拉西亚）及周围地区。西法兰克（纽斯特里亚）尤其是南部高卢的情况则不一样。虽然这个地区长期是法兰克人的政治中心所在地，但同时是罗马帝国北部重要的中心之一，人口以高卢—罗马人为主，说的是混合了凯尔特语和拉丁语的方言。法兰克人的政权中心虽然移到了高卢，但迁居的只是王室宫廷和一些军人，高卢地区居民的主体还是原来的高卢—罗马人，主要语言还是拉丁方言。[①] 后来形成的法语还是拉丁语系统，日耳曼语的影响很小，多在拼读方面。在这个地区，法兰克人最终融入了高卢人中。对比中国的情况，可以发现，频繁的移动和与汉族关系深厚正是这个时期北方各族的特点，而北魏的后起及其以内蒙山西为基地稳步南移，也应该是其能最终统一北方的重要因素。[②] 从这个角度来说，中西民族移动结果之异中又蕴含一些同的色彩。

第二节　民族关系

一、胡汉身份的趋同

中国汉人与少数民族的关系始终比较密切，少数民族很早就被统一纳入汉人政府的管理体制中，他们也全面采用汉族的体制，胡汉渐趋一致。

少数民族与中原的关系历时久远，也是中国古代历史的重

[①] 美国学者格里从历史和史学角度对这个时期语言变化及其与政治的关系做了较为细致的论述。参见［美］帕特里克·格里：《中世纪早期的语言与权力》，刘林海译，中西书局 2019 年版。

[②] 田余庆在《拓跋史探》中对北魏为何能后来居上并统一北方有精彩分析。这对思考为什么法兰克人最后能够统一西罗马帝国的大部分地区有很大的启发意义。

要内容。魏晋时期的诸胡，其祖先很早就与中原政权接触，上古三代时期交往就很频繁。《诗经》有"自彼氐、羌，莫敢不来享，莫敢不来王"（《商颂·殷武》）、"狎狁于襄""薄伐西戎"（《小雅·出车》）等诗句。按照司马迁的说法，匈奴的历史更久远。"匈奴，其先祖夏后氏之苗裔也，曰淳维。唐虞以上有山戎、猃狁、荤粥，居于北蛮，随畜牧而转移。"①鲜卑的祖先称东胡，羯人则一般认为是史籍中所称的杂胡。春秋战国时期，匈奴势力扩张，"冠带战国七，而三国边于匈奴"②。他们更是大规模参与各国的政治斗争，成为一支重要力量。

大致说来，魏晋南北朝之前及其间的大部分时间里，对中原威胁最大的是匈奴，汉末鲜卑逐渐崛起，北魏初柔然盛极一时，南北朝末期丁零（铁勒）始盛，隋唐时期，突厥、吐蕃等势力强大，长期为患。魏晋时期，随着氐、羌等势力的崛起，变成群雄竞逐的局面，势力强大，甚至灭掉了西晋政权，长期占据了北方地区。他们与汉人政权的关系并不完全固定，或战或和或归顺，都取决于双方的实力对比。历史上，中原政权实力强大而边疆少数民族实力弱时，则多采取战争方式打击驱赶；一旦他们的生存环境恶化或实力强大，则往往内侵。双方实力均衡时，则多讲和。秦始皇统一后，曾经派蒙恬率大军北击匈奴，并筑长城防御入侵。汉初，匈奴势力强大，白登山之围后，汉高祖刘邦采用娄敬的建议实施和亲政策，通关市，缓

---

① 《史记·匈奴列传》。
② 《史记·匈奴列传》。

和与匈奴的关系，为解决民族矛盾提供了一个新方案。武帝时期，随着西汉实力的强大，开始武力攻打匈奴，暂时解决了边患。不过，随着双方实力强弱异位，匈奴的问题再度浮起。东汉初年，匈奴内部分裂，南匈奴归顺，北匈奴在战败后西走。从西汉末年开始，除了和亲外，还采用内迁安置政策。"前汉末，匈奴大乱，五单于争立，而呼韩邪单于失其国，携率部落，入臣于汉。汉嘉其意，割并州并界以安之。于是匈奴五千余落入居朔方诸郡，与汉人杂处。"①光武帝时期，归顺的南匈奴被安置在河套地区，羌人被安置在关中，又封乌桓"渠帅为侯王君长者八十一人，皆居塞内，布于缘边诸郡，令招来种人，给其衣食，遂为汉侦候，助击匈奴、鲜卑"②。汉末，曹操把匈奴分为五部，将他们纳入到自己的势力之中，同时打败了乌桓、氐、羌（晚至魏齐王曹芳的正始年间）等，将投降的人安置到内地。晋武帝时期，又先后几次接纳归降的匈奴，"使居河西故宜阳城下。后复与晋人杂居，由是平阳、西河、太原、新兴、上党、乐平诸郡靡不有焉"③。八王之乱期间，巴氐李特和匈奴左部帅刘渊趁机率先发难，开始了胡汉纷争的新时代。

迁居内地的少数民族，都被纳入到政府的管理，视为臣民。少数民族集体内迁，虽然与汉人杂居，但一般都被安排在

---

① 《晋书·四夷传》。

② 《后汉书·乌桓鲜卑列传》。

③ 《晋书·四夷传》。

人烟稀少或无人耕种的地区，按照传统习惯集体聚居，起到防卫和缓冲的作用。《晋书·四夷传》记载，公元前52年，呼韩邪单于率"匈奴五千余落入居朔方诸郡，与汉人杂处……其部落随所居郡县"，"北狄以部落为类，其入居塞者……凡十九种，皆有部落，不相杂错"。他们由单于或部帅等统治，也有自己的政治组织和官号。"南单于既居西河，亦列置诸部王，助为扞戍"。① 不过，他们并非完全自治，还同时接受中央政府的管理。一方面，少数民族的首领是政府的官吏，他们多受封王侯，并享受相应的待遇，爵位可以世袭。他们代表政府管理族人。另一方面，政府还设有专门的机构，整体上对他们管理加以监督。汉朝匈奴中郎将负责南匈奴事务，又迁乌桓于上谷、渔阳、右北平、辽东、辽西五郡，设护乌桓校尉管辖，同时节制鲜卑等。西汉还设护羌校尉。东汉光武帝时期，接受班彪的建议"复置校尉于上谷宁城，开营府，并领鲜卑，赏赐质子，岁时互市焉"②。曹操在立匈奴部帅的同时，还"选汉人为司马以监督之。魏末，复改帅为都尉"③。少数民族首领的管辖权只限于自己的族群，其他事务由政府管理。政府介入其内部政治，甚至决定单于或贤王等废立，可以确保对他们的控制和监督。校尉与部帅最初是分开的，西晋时期，随着司马氏政权的内乱和分裂，少数民族势力大增，其首领如刘渊往往身兼二

① 《后汉书·南匈奴列传》。
② 《后汉书·乌桓鲜卑列传》。
③ 《晋书·四夷传》。

职。在这种二元管理体制下，少数民族同时受到本族首领（单于、部帅、酋长等）和中央政府校尉等的管辖，与汉人百姓一样是编户齐民，只是经济上有一些优惠。"其部落随所居郡县，使宰牧之，与编户大同，而不输贡赋"①。这种管理体制在北朝一直延续着，到唐代正式发展为"羁縻府州"，在边疆地区广泛推行。

少数民族内侵或内迁也引发了汉人政权内部的政策讨论。由于少数民族处在边塞，"弱则畏服，强则侵叛"，无论武力征服还是被动防御都不能彻底解决，始终是个两难问题。② 和亲政策在朝廷内部也有争议，且时断时复。内迁安置政策导致大量的少数民族深入内地，与汉人杂居，到魏晋时期，"关中之人百余万口，率其少多，戎狄居半"③。在很多人看来，胡汉杂居不但破坏了社会的安定，危及政权，而且违反了夷夏有别的传统，造成混乱。在这种情况下，朝廷内部一些士人提出徙戎的策略，主张把在关中等内地居住的少数民族迁回边疆。西晋平吴之后，侍御史郭钦建议"宜及平吴之威，谋臣猛将之略，出北地、西河、安定，复上郡，实冯翊，于平阳已北诸县募取死罪，徙三河、三魏见士四万家以充之。裔不乱华，渐徙平阳、弘农、魏郡、京兆、上党杂胡，峻四夷出入之防，明先王

① 《晋书·四夷传》。
② 《汉书·匈奴列传》载新莽时严尤所论对匈奴的策略很能说明问题。周用驱赶，是中策；汉武帝用征伐，劳民伤财，是下策；秦筑长城，为无策。不论哪一种，均非上策。
③ 《晋书·江统传》。

荒服之制，万世之长策也"①。晋惠帝元康年间，匈奴人郝散及氐人齐万年先后在秦雍地区起兵反叛。齐万年之乱平定后，江统写了《徙戎论》，再次呼吁徙戎："当今之宜，宜及兵威方盛，众事未罢，徙冯翊、北地、新平、安定界内诸羌，著先零、罕并、析支之地；徙扶风、始平、京兆之氐，出还陇右，著阴平、武都之界。禀其道路之粮，令足自致，各附本种，反其旧土，使属国、抚夷就安集之。"②江统的主张并没有被采纳，也不可能被采纳。一方面，如一些人指出的，在当时的情况下，给少数民族粮资以便他们返回故地是不现实的，只会带来更多问题。另一方面，魏晋时期，少数民族已经成为重要的政治势力，深度介入了中原政权的政治斗争。曹操用匈奴壮大了自己的势力，还采纳雍州刺史张既的建议，将居住在武都的 5 万多户氐人迁到天水、扶风，以防刘备。晋武帝时，任命刘渊为北部都尉。八王之乱时期，少数民族将领成为各方拉拢的对象。刘渊先后得到杨骏和成都王司马颖重任。辽东地区的鲜卑慕容氏则支持司马越与南渡的司马睿，并与刘、石政权对立。③李特则依附于益州刺史赵廞。胡人将领成为各派争夺的对象，徙戎也是不现实的。这些势力虽然借助胡人取胜一时，但同时助长了他们的势力，最终使其反客为主，灭掉了西晋政权。最为重要的是，当时的胡汉杂居已经很久，少数民族华夏化程度较

---

① 《晋书·四夷传》（列传第六十七）。

② 《晋书·江统传》（列传第二十六）。

③ 田余庆：《东晋门阀政治》，北京大学出版社 2012 年版，第 30—34 页。

深，也不可能全部再迁回故地。

唐太宗打败东突厥后，朝廷内部曾经就安置归降突厥部落问题进行讨论。一部分人主张把内附的突厥人散置到各地，分散他们的力量，使他们接受汉文化的教化，变胡为汉。这样可以一劳永逸地解决潜在的威胁。魏徵等则从传统的夷夏之别观念出发，主张将他们遣回黄河以北，不改变他们的传统生活方式，以免猾夏。温彦博则主张仿效东汉光武帝做法，将他们安置在黄河以南及河套地区，务农守边，作为缓冲力量。唐太宗采纳了他的建议，将突厥人安置在东起燕西至宁夏的广大地区，并设立都督府治理。① 不过，几年后，东突厥贵族欲谋叛复国，在谋袭太宗失败后，唐朝转而采取魏徵等人的主张，将他们重新遣回故地。突厥人在回迁的过程中又遭到薛延陀的反对和袭击，势力大受打击。在唐太宗的保护下，他们又回迁河南。682 年，东突厥欲复国，在唐朝的内乱中部分人离开，大部分人则逐渐与汉族融为一体。

魏晋南北朝时期，胡汉矛盾尖锐，相互间的战争和杀戮也非常惨烈，恢复华夷秩序的呼声也不绝于耳。即便在隋唐重新统一后，夷夏之辨也仍然是争论的重点。② 但是，在大多数情况下，这只是就政治权力层面而言。从另一个角度来说，这又是胡汉关系最密切的关键时期，因为争论越激烈，说明现实中

---

① 详见《资治通鉴》卷 193。

② 崔明德、马晓丽：《隋唐民族关系思想史》，人民出版社 2010 年版。该书按照时段，以时人的相关论述为中心，对这个问题做了细致梳理。

胡汉的接触越频繁，关系也越亲密，也就越具备融合的前提和基础。即便从当时反对接纳胡人内附的言论中，也可以看出少数民族与汉人关系密切的情形："窃惟突厥、吐蕃、契丹等，往因入贡，并叨殊奖：或执戟丹墀，策名戎秩；或曳裾庠序，高步黉门。服改毡裘，语兼中夏，明习汉法，睹衣冠之仪；目观朝章，知经国之要。"①正是在这个历史的剧变时期，胡汉界限逐渐消失，双方在制度和文化等方面渐趋一致，尤以少数民族政权采用汉人制度为突出。

第一，十六国及北朝政权都采用中央集权的君主制度。这些政权的创始人一般靠军功起家，然后位列将军、公侯，再称王自立，最后即位称帝。他们还同时采用以儒家思想为主导的五礼制度，包括百官、帝号、庙号、正朔、祭祀等体制。虽然在具体内容上有差异，但在理念上是一样的，都是沿袭了儒家的传统。政治制度多延续魏晋体制，中央官僚机构不断向曹省制发展，以尚书省为核心的三省制权力格局初步形成。官吏体制以九品中正制和封（赐）爵制为核心，其中后赵、前秦、北魏最为突出，后赵、前秦、后秦甚至有赐爵百姓。后赵石勒曾"清定五品……复续定九品……典定士族"②，石虎时下令"吏部选举，可依晋氏九班选制，永为揆法"③。代王什翼犍即位之初，"命燕凤为右长史，许谦为郎中令矣。余官杂号，多同于

---

① （唐）薛登：《请止四夷入侍疏》，《全唐文》卷281。
② 《晋书·载记·石勒下》。
③ 《晋书·载记·石季龙上》。

晋朝"。北魏拓跋珪皇始元年（396），"始建曹省，备置百官，封拜五等"；天兴元年（398），"诏吏部郎邓渊典官制，立爵品"；天赐元年（404），又"减五等之爵，始分为四，曰王、公、侯、子，除伯、男二号"；在八国"立大师、小师，令辨其宗党，品举人才。自八国以外，郡各自立师，职分如八国，比今之中正也"。① 虽然这些官吏最初多由鲜卑人等担任，且不以周汉旧名，但基本框架和选人方式仍秉承魏晋。地方上继续沿用郡县制，中央对地方的控制进一步加强，州之上设置都督，确保对军队的控制。北魏孝文帝时期又用邻里党的三长制取代宗主督护制，强化对基层的控制。北魏最初承认地方坞主、壁帅等豪强势力，封他们做宗主，都护百姓，以维持对地方的控制。但是，也有很多弊端："魏初不立三长，故民多荫附。荫附者皆无官役，豪强征敛，倍于公赋。"② 内秘书令李冲建议"宜准古，五家立一邻长，五邻立一里长，五里立一党长，长取乡人强谨者。邻长复一夫，里长二，党长三。所复复征戍，余若民"③，以解决"民多隐冒，五十、三十家方为一户"④ 的问题。

　　第二，胡汉百姓的法律身份相同，都是国家的编户齐民。魏晋南北朝时期，民族矛盾尖锐，压迫也比较严重。在少数民族建立独立政权之前，汉人占支配地位，是汉尊胡卑，汉人

---

① 《魏书·官氏志》。

② 《魏书·食货志》。

③ 《魏书·食货志》。

④ 《魏书·李冲传》。

统治少数民族；少数民族政权建立，占据支配地位后，开始胡尊汉卑，反过来压迫汉人，甚至称汉人为儿、奴、狗。少数民族多自称"国人"，以国人为尊，甚至禁止"胡"等称呼，如石赵。不仅如此，这些政权还多采用"胡汉分治"，区别对待汉人和少数民族。刘渊建立政权后，设大单于及单于台管理匈奴等少数民族，用的是匈奴旧有的体制；用司隶、内史等管理汉人，应该是以西晋的体制为基本。代国立国后，什翼犍把归附的"乌丸"分为南北二部，设部大人分民而治。后代国灭亡，拓跋珪复国后，继续沿用这个制度，还设八部大夫，"于皇城四方四维面置一人，以拟八座，谓之八国"①。表面上看来，分治制度区别胡汉，似乎有高低差别，实际上并非如此。胡汉分治更多着眼于分工和管理的角度，少数民族旧制多保持着军事组织的特色，确保其军事力量和战斗力，尤其是在边疆地区，入内地已久的也有务农的；而汉人则主要从事农业生产。少数民族由少数民族管理，汉人由汉人管理，虽然是两套人马，但本质上还是同一种制度下的两种不同运作机制。谷川道雄指出："单于的职能也就有所界限，而超越这一界限的正是高耸于上的皇帝权力。所以说，单于一职并不是非汉族人民的自由的标志，它仅仅只是代表着由皇权所委任的部分统治权。"②这种思路实际与汉晋时期的中央政

---

① 《魏书·官氏志》。
② 〔日〕谷川道雄：《隋唐帝国形成史论》，李济沧译，上海古籍出版社2011年版，第38页。

府对内附少数民族的管理是一样的。随着时间的推移，单于制逐渐衰落，到苻坚时甚至取消了分治。孝文帝改革以后，北魏区分族群的管理机制也逐渐淡化。

　　从法律身份上来说，汉人百姓与少数民族百姓是一样的，均属编户齐民。作为国家的臣民，他们受治于相同的法律，同样要为国家尽义务，纳税服役。少数民族政权还沿用了魏晋的法律体系，在判罚上亦有贵族平民、有爵无爵的差别，但在量刑上似乎并无胡汉差别。此外，少数民族统治者为了加强统治，多采取大规模迁徙人口的方式削弱被征服地区的势力。在这个过程中，他们传统的聚居方式也逐渐破坏，尤其是移居内地的非汉人群体。苻坚征服代国后，就把拓跋部落散于汉鄣边故地，在灭亡了前燕后，则把四万余户鲜卑人迁到长安。拓跋珪称魏后，则主动采取措施，削弱内部竞争对手的实力。他"散诸部落，始同为编民"①，还瓦解了帮自己打江山的舅舅贺讷的势力，"其后离散诸部，分土定居，不听迁徙，其君长大人皆同编户"②。到北魏后期，北部六镇地区的鲜卑人甚至沦为社会的下层，到了揭竿而起的境地。在专制君主制下，即便是统治民族的成员，事实上也只是齐民。所不同的是，汉人多从事农业生产，缴纳赋税，游牧族群则贡献马匹，边疆地区的少

---

① 《魏书·官氏志》。
② 《魏书·贺讷传》。李凭指出，离散是苻秦对拓跋代的专门政策，道武帝把它推广到其他各族。参见李凭：《北魏平城时代》，社会科学文献出版社2000年版，第35页。

数民族则多为职业军人。北齐高欢对鲜卑人说:"汉民是汝奴,夫为汝耕,妇为汝织,输汝粟帛,令汝温饱,汝何为陵之?"对汉人则说:"鲜卑是汝作客,得汝一斛粟、一匹绢,为汝击贼,令汝安宁,汝何为疾之?"①唐代羁縻府州的地位虽然特殊,对这些地区的少数民族也有一些优待,但也是民的身份,不用向中央缴纳赋税,但要交给所在地区的都督府州。

第三,十六国等政权走的是胡汉联合的豪强世家政治路线。世族政治在东汉已经形成,以察举制加以维持。曹魏的九品中正制不但没有消除世家大族政治,到西晋时反而进一步发展为门阀士族政治,成为两晋南北朝时期政治的特色。门阀士族把持了国家政权,是统治集团的核心。八王之乱后,北方仍有不少士族留下来,主动或被动加入新政权,为它们的建立、稳定和发展发挥了至关重要的作用。当然,也有拒绝的,如高瞻就拒绝与慕容廆合作。各国君主不但不排斥汉族士人,反而非常倚重他们,其政权也都是在汉族谋士的帮助下建立的,如张宾辅佐石勒,裴嶷辅佐慕容廆,王猛辅佐苻坚,尹纬辅佐姚兴,卫操、燕凤、许谦、张衮、崔宏等则是拓跋氏的代国和北魏政权兴起的重要人物。可以说,魏晋南北朝时期的北方各政权始终都是胡汉联合的结晶,没有汉族士人的参与,在广大汉族地区的统治是无法维持的。少数民族政权建立后,继续维护原来士族豪强的利益和特权。石赵不但优待士族华冠,禁止侮

---

① 《资治通鉴》卷 157。

辱他们，还设立君子营，保护他们的利益；苻坚"复魏晋士籍，使役有常"；地方豪强的坞堡也继续存在和发展；宗主督护制也长期得到北魏政府的承认；①高欢曾下令"不得欺汉儿"②。士族继续通过九品中正制度把持权力，维持门阀。对他们而言，除了效忠的君主由汉人变为少数民族外，其他并无实质变化。到孝文帝时，分品秩，定族姓，更是从制度上为士族的发展提供了支持。当然，这并非说胡汉统治阶级内部没有矛盾和冲突，少数民族政权对于不合作或反抗的汉族士人当然会使用武力，也会趁机打击强势士族，如北魏太武帝借崔浩"国史之狱"剪除清河崔氏、范阳卢氏、太原郭氏、河东柳氏势力。这其中固然也有民族矛盾的因素，但终究还是统治阶级内部的利益冲突，不宜过分解读。

少数民族政权全面采用魏晋制度，也并非简单机械地照搬，而是继承中有发展，在不少方面都有所创新，如均田制、租调制、三长制、府兵制、坊市制等，为隋唐的统一及制度建设奠定了基础。这些也都是 20 世纪以来史学界研究的重点问题。

悠久的关系，相同的制度，共同的身份，使得胡汉之间在诸多方面趋同，加上大多数情况下胡汉之间并没有禁止结婚的规定，自然会促进民族的融合。

---

①　唐长孺：《魏晋南北朝史论丛》，商务印书馆 2010 年版，第 166—186 页。
②　《北齐书·帝记·神武上》。

二、罗马人与蛮族的分治

罗马帝国与蛮族之间的关系亦颇复杂。总体而言，蛮族与罗马人的接触比较晚，只是在公元前 2 世纪才开始，真正较多接触则是在公元前 1 世纪罗马向高卢及北部地区扩张时期。从帝国初期开始，罗马也把一些战败或请求入内的日耳曼人安置在边境甚至高卢和意大利本土，组成蛮族边屯军（laeti）。它们是集体居住的军事性自治农业组织，接受专门军事长官（praefectus laetorum）的管理。罗马给予蛮族土地，作为报酬，他们守卫帝国的边疆，并为罗马提供兵源，参加罗马的辅助军队。帝国后期，这类组织在西部比较多。2 世纪下半期开始，居住在莱茵河、多瑙河边境线对岸的日耳曼人对帝国形成新的冲击，不时进入帝国境内。到了 3 世纪，罗马政治危机，罗马军队中的蛮族人数不断增加，甚至出现了军队蛮族化的局面，一些蛮族将领则在帝国末期控制了罗马的军队乃至政治。这也被视为帝国灭亡的重要因素。近年来，一些学者指出，要区分对待不同时期进入帝国的蛮族群体及影响，不能一概而论。威克姆（Chris Wickham）就指出，蛮族人加入罗马军队服役分两种情况，一种是完全纳入罗马的正规军队体系中，他们效忠于帝国，自视为罗马的组成部分，如奥多亚克等。另一种是作为盟友（foederati）帮助罗马作战，多保留族群的名称，有自己的王国，族群效忠的是蛮族国王或首领，如西哥特、东哥特、汪达尔等。他们保持独立的军事建制，根据条约为报酬而战。二者的目标并不一样。真正对后来历史产生重要影响的是罗马的盟友们。①

　　罗马人与蛮族是盟友。盟友一词源于 foedus，意为条约，词根为 fides（信誉）或 fetiales（批准战和的祭司）。结盟是罗马对外扩张过程中常用的一种方式，罗马人根据对手的具体情况决定结盟的性质：有主动投降结盟的，有势均力敌结盟的，也有战败结盟的。传统上，罗马一般给予主动投降的对手盟友的地位，并有相应的仪式。一般认为，结盟仪式先是向罗马人投降（deditio），然后罗马人恢复投降者既有的社会地位和权利（restitutio），最后再订立盟约。罗马结盟的历史虽然悠久，但关于结盟的材料都是帝国后期的，普洛柯比乌斯等记载较多。不过，学者们认为，虽然同样是盟友，6 世纪的情况可能与 4 世纪的差距很大，普洛柯比乌斯等所说的未必完全可信，具体的方式可能因双方实力的强弱而有所不同。比如，按照罗马的传统，战败无条件投降的人基本没什么权益。帝国后期的蛮族盟友中不少处于强势，也不存在无条件投降的情况。投降仪式是不是真的，也存在疑问。希瑟认为，罗马作者笔下的结盟模式很可能是刻意制造出来的，目的在于维护帝国的常胜形象并加以宣传，以保证罗马人的优越感并获得他们的支持。即便是在罗马战败或者不占优势的情况下，也要按照这种胜利的模式操作，并向公众宣传，尤其是在颂文中。一方面，他们把

----

① ［英］克里斯·威克姆：《罗马帝国的遗产：400—1000》，第 128—135 页。一般认为，laeti 与 foederati 是不同的群体，尽管有些 laeti 后来加入了蛮族的迁徙大军，成为 foederati 的成员。

边境的各族描绘得凶恶可怕，以便动员力量，为军事和政治
活动寻找合法性；另一方面，则通过缔结盟约，营造和平的局
面，拉拢控制蛮族，为自己所用。①

　　帝国后期，结盟几乎成为处理罗马与边境上的蛮族的常
策，无论双方交战的结果如何。最早采取这个措施的是君士坦
丁大帝，他在332年打败了哥特人，然后与其首领阿里亚里克
（Ariaric）结盟。358年，叛教者朱利安在北高卢的莱茵河地区
与法兰克人结盟。376年，皇帝瓦伦斯接受哥特人的请求，将
他们作为盟友安置在帝国境内的多瑙河南岸。5世纪以后，随
着蛮族大规模渡过莱茵河，这些族群中的许多人先后以盟友的
身份在帝国境内定居下来。与原先有所不同的是，这些新盟友
都是深入帝国腹地，并没有在边疆定居。虽然盟约规定不能随
意毁约，但实际上，这些同盟往往并不稳定，多随利益的不同
而变化，需要经常加以确认。418年，哥特人在西班牙定居下
来，双方就再度订立盟约。罗马与蛮族结盟，最初主要目的是
为了边境的防卫，一方面利用蛮族保卫边境，另一方面则作为
某种缓冲力量，对抗其他蛮族。随着蛮族进入腹地，他们的保
边作用减少，逐渐被罗马作为维持统治、控制各族乃至内部斗
争的工具。罗马人曾经联合众多蛮族盟友打败了匈奴人阿提拉

---

① Peter Heather, Foedera and Foederati of the Fourth Century, in *Kingdoms of the Empire: The Integration of Barbarians in Late Antiquity,* Walter Pohl（ed.），Brill, Leiden, 1997, pp.56–74；《罗马帝国的陨落：一部新的历史》，向俊译，中信出版社2016年版，第78—82、96—99页。也有学者认为 deditio 和 foedus 是两个不同的范畴。

的军队，与西哥特结盟则是对后者抗击高卢地区的汪达尔人、苏维汇人、阿兰人等的回报。

按照罗马的盟约，罗马作为战胜方享有对盟友的统治权，盟友归顺罗马，至少名义上保持对罗马的服从，在需要时为罗马提供军事帮助，出兵打仗。作为回报，罗马则按约定给予蛮族盟友食物或金钱（annona，年金）。最初是提供食物和金钱，后来则给予土地。一般认为，蛮族盟友获得所在地区土地的 2/3，罗马人占有剩余的 1/3。这个观点是由德国史学家高普（Theodre Gaupp）在 1844 年最早提出的，主要根据是西哥特和勃艮第法典中几条土地分配的规定，结合了罗马客居法（hospitalitas）（相关法令详见《狄奥多西法典》7.8—7.9）的精神。罗马要求房主必须将房屋的 1/3 拿出来，供包括军人在内的执行公务的旅人居住。不过，学术界在这个问题上有分歧。法国学者古朗士（Numa Denis Fustel de Coulanges，又译库朗热）提出可能不是实际占有土地，而是 1/3 土地上的收成。也有学者提出土地分配只限于日耳曼人中的上层贵族。1980 年，美籍学者格法特（Walter Goffart）提出，如果蛮族占有 2/3 的土地，这势必对原有的土地占有状况造成冲击，从而引发罗马人与蛮族之间的矛盾。但蛮族进入帝国，实际并没有引起罗马人的反对，史料中也没有发现双方有因土地占有引发的矛盾。此外，客居法只涉及住房的分配，并没有涉及土地，而且禁止随便侵占房主的财物。从东哥特等情况来看，所谓的土地分配并非给予蛮族土地，而是相应土地的税收权益。所以，蛮族人并不实际占有和经营土地，只是代替政府直接从地主那里征收相应税额的 1/3。这样既不打乱原有的土地占有格局，也减轻了政府收税的麻烦。法国学者杜利亚进一步发展了他的理论，提出城市在这个体系中占据重要地位。他认为，传统上，城市 1/3 的税收给中央政府，1/3 给军队，1/3 自用。蛮族定居后，城市将原本给予政府和军队的 2/3 转交给蛮族。英籍学者利伯舒茨（Wolf Liebeschütz）则认为，格法特和杜利亚的说法是错误的，因为城市并不享受帝国的财税收入，它的 1/3 也是自己的市政收入，与罗马人的 1/3 没有任何关系。东哥特王国的卡西奥多罗斯书信集里面的材料很明确就是指土地，不是税收。英国学者豪塞尔（Guy Halsall）则认为，格法特指的是罗马给予蛮族的报酬方式，并不排除蛮族将税收权益转变成直接占有土地的可能。蛮族占有土地是事实，但未必与土地分配制度有必然关系。客居法涉及的大多是暂时的情况，格法特的立论前提显然是长久定居。其理论的学术价值虽然很高，但过于机械化、模式化，与复杂的现实不符。也有学者认为，蛮族的定居不是按照客居法和盟友，而是按照退伍军人的政策给予土地，给予免税优待。虽然学者们观点分歧较大，大都认为，在这个问题上并不存在一个一成不变的统一模式，而是有时空的差异；法典等材料所载信息未必与客观历史完全一致；随着这些拖家带口的职业蛮族军人定居下来并逐渐独立，他们中的大多数都转向农业，直接占有土地应该是大趋势。蛮族贵族与原有的贵族一起，逐渐成为地方的领主。①

　　罗马与蛮族结成的是单纯军事同盟。理论上，从罗马一方来说，只要蛮族盟友在需要时提供军事帮助，就算履约，其余的事情则由蛮族自己做主。从蛮族一方来说，只要罗马人按照约定提供钱物，盟约就有效，也没有什么其他要求。蛮族与罗马各取所需，互不干涉，双方的关系不受地域变化的影响，即便蛮族整体定居在帝国境内，也是如此。在这种观念的指导下，蛮族与罗马人虽然居住在同一个地域内，但多集体聚居，双方始终是两个独立的群体，没有形成真正地融合。名义上蛮族首领是皇帝的臣民，实际是独立的国王。蛮族也只效忠于自己的国王，是住在帝国内的外邦人，并没有集体获得公民的资格。这可以从以下几个方面加以说明：

　　第一，蛮族保持了传统的政治体制。帝国境内的日耳曼王国当然吸收甚至沿用了罗马的一些体制，如行政、财政和税收等，也吸收罗马人参与统治，但保持了自己的政治传统。他们普遍采用王权制，国王兼具军事、司法和宗教大权。日耳曼人的国王虽然也有血统的条件，多限于一定的家族，但普遍采用

---

① Walter Goffart, *Barbarians and Romans, A.D.418–584: The Techniques of Accommodation*, Princeton University Press, New Jersey, 1980; Jean Durliat, Cité, impôt et intérgration des barbares; Wolf Liebeschütz, "Cities, taxes and the accomadation of the barbarians:the theories of Durliat and Goffart", in *Kingdoms of the Empire: The Integration of Barbarians in Late Antiquity*, Walter Pohl（ed.）, pp.153–179, pp.135–151; Guy Halsall, *Barbarian Migrations and the Roman West, 376–568*, Cambridge University Press, Cambridge, 2007, pp.422–447.

选举制，由贵族或公民大会表决产生。西哥特的国王最初是公民大会推选的，后来由贵族和教会官员共同选举，伦巴德人的国王则是由公爵选举的。法兰克人也非常强调选举国王的传统，无论都尔的格雷戈里还是《弗里德加编年史》的作者都是很强调这一点，后者还追溯到其先祖弗朗肖（Francio），因为他就是通过选举产生的。日耳曼的政权也多采用分治的思路，这一点突出体现在法兰克王国，领土在诸王子中分割继承治理。国王虽然是名义上的最高权威，但地方的自主性很大，地方公爵或大贵族基本自治。[①] 就连被兼并或征服的地区也维持原来的体制，如被西哥特兼并的苏维汇，以及被法兰克人征服的各地区。伦巴德人在意大利也采取地方公爵自治的方式。这种组织形式与罗马颇为相似。

第二，在日耳曼王国内，不同族群的法律不一样。日耳曼王国的法律是属人法而非属地法，是按照所属的族群划分的，日耳曼人有日耳曼人的法律，罗马人则受罗马法的约束。蛮族进入罗马帝国后，在罗马法律的影响下，纷纷创制成文法典。蛮族的法律大都是由罗马人或熟悉罗马法律的律师编纂的，在不少方面受到罗马法的影响，尤其是在术语和程序方面，法律也曾经被视为行省乃至蛮族罗马化的重要标志。但是，蛮族的法典多是原来习惯法的成文化，保留了自己的法律传统，如罚金、继承、决斗等，没有公共生活、贸易等内容。最为重要

---

① Patrick J. Geary, *Before France and Germany: The Creation and Transformation of the Merovingian World*, Oxford University Press, Oxford, 1988, pp.92–95.

的是，日耳曼人法并没有像罗马法那样对公民的权利和义务进行界定，也没有关于公法的相关内容，所吸取的主要在民事领域，而且多同罪不同罚，日耳曼人和罗马人有差别。用东哥特国王狄奥多里克的话说，就是"正义只有一个，但都依据各自的法律，审判判决也多种多样"①。西哥特人最早制定了自己的法典。471 年，西哥特王国颁布《尤里克法典》(*Codex Euricianus*)，该法不但区分了哥特人和罗马人，还有阶级阶层区分。该法处理西哥特人的内部事务，以及哥特人与罗马人之间的纠纷；506 年国王阿拉里克二世统治期间颁布的《阿拉里克法典荟要》(*Breviarium Alaricianum*，包括狄奥多西法典等)则是罗马法的汇编，专门用于国内的西班牙—罗马人和高卢—罗马人；这种状况一直持续到 6 世纪末柳维吉尔德在位期间 (Liuvigild，568—586)，才颁布法律 (Codex Revisus)，用地域取代族群，废除了罗马人与西哥特人之间的界限。东哥特人征服意大利后，也按族群划定法律。哥特人的内部法律事务由哥特人官吏管理，罗马人的内部案件则由罗马官吏审理，哥特人与罗马人之间的纠纷等则由哥特人和罗马人官吏共同审理。②6世纪初，勃艮第国王贡德巴德下令编纂了供勃艮第人专用的《勃艮第法典》(*Lex Burgundionum*，亦称贡德巴德法典)，同时

---

① S.J.B. Barnish tran., *Cassiodorus Selected Variae*, Liverpool University Press, Liverpool, 1992, 7.3.1.

② 也有学者认为，这种分别是功能性的而非族群性的，是延续了罗马传统的军事和民事分开的习惯，因为哥特人是战士，而罗马人是平民。有可能是相同的法律，不同的人马。

为境内的罗马人编纂了《勃艮第的罗马人法典》(*Lex Romana Burgundionum*)。① 即便在后来并入了法兰克王国，勃艮第的法律仍然存在。法兰克的法典最早是由克洛维在 507—511 年间公布的《萨利克法典》，主要是萨利克法兰克人的法律。7 世纪 30 年代，达戈伯特一世时期又编纂了《里普阿尔法典》，专门适用于里普阿尔法兰克人。法兰克人在向外扩张的过程中，并没有取消被征服地区原有的法律，而是让每个族群继续沿用自己的法律，施瓦本人用的是阿拉曼尼法典，罗马人则用罗马的法律，不受地域因素的影响。这种局面一直延续到后来的加洛林王朝时代。查理曼曾下令为被征服地区编纂各自的法典。9 世纪初，里昂主教阿格巴德（Agobard）在《反对贡德巴多的法律》一文中抱怨道，五个人同行或同坐，但每个人的法律各不相同。643 年，伦巴德国王罗塔里（Rothari）颁布法典（Edictum Rothari），汇集了原先的习惯法，用于伦巴德人，罗马人则用罗马法。外国人如果得不到王国的许可，要接受伦巴德法的规范。这种法律上的区分甚至体现在军队中，整建制在罗马军队中服役的蛮族军队，也只受自己法律的约束。

第三，蛮族与罗马人之间的通婚也面临着很大的障碍。学术界对于罗马人是否可以与蛮族通婚这个问题，分歧很大，持不同观点者都有一些证据。认为禁止通婚的学者主要依据是

_____

① 伍德对勃艮第法中罗马、蛮族及地方因素关系的分析对理解蛮族法律的特点很有代表性。Ian Wood, Burgundian Law-making, 451–534, *Italian Review of Legal History*, 3（2017），pp.1–27.

皇帝瓦伦提尼安一世约在 370—373 年间颁布的一项法令，"所有行省人（provincialium），无论等级身份如何，均不得娶蛮族妇女（barbara）为妻，行省妇女也不得嫁给任何外邦男人（gentilium）"，违者处以死刑。[①] 该法令被收入颁布于 438 年的《狄奥多西法典》，又在 6 世纪《阿拉里克法典荟要》中再次收入，但关键名称有所改变，将"行省人"变为"罗马人"，将"外邦人"变为"蛮族"。此外，日耳曼人的法律禁止内部自由民、获释自由民和奴隶三个等级之间相互通婚。[②] 西哥特在 6 世纪末取消罗马人与哥特人界限之前，是明令禁止通婚的。反对禁止通婚说的学者则指出，日耳曼人上层与罗马人通婚的例子不少，各蛮族政权王室间也相互缔结婚姻联盟，这在当时是司空见惯的现象。如果禁止通婚，则很难解释这些现象。瓦伦提尼安一世的法令很可能只是特殊情况的产物，而非通则。如有人认为是针对当时与帝国为敌的阿勒曼尼人。也有人认为，外邦男人（gentilium）理解为士兵过于狭隘，实际是蛮族的代名词。这些人既包括在役和退役的士兵，也包括军官。而军官一般则同时获得公民权，因此在法律上不存在与罗马公民结婚的障碍。对这些双重身份的蛮族来说，他们与罗马人结婚应该是不被拒绝的。还有人则认为，外邦男人（gentilium）指士兵的理

---

① Clyde Pharr tran., *The Theodosian Code,* Princeton University Press, New Jersey, 1952, 3.14.1.

② ［英］彼得·希瑟：《罗马帝国的陨落：一部新的历史》，向俊译，中信出版集团 2016 年版，第 111 页。

解没有问题，之所以禁止，不是出于血缘和族群的考虑，而是从政治和军事角度考虑。一方面防止因婚姻带来的身份变化使大量的地方元老流失，另一方面则是防止蛮族结婚后不在军队服役，以免兵力受损。① 总之，蛮族与罗马人通婚没有问题。

笔者认为，由于对关键材料的理解有分歧，很难对此下一个确定的结论。不过，如果考虑到罗马人关于婚姻的法律规定，不禁止的可能性大些；当然，考虑到日耳曼人禁止内部不同阶层通婚及西哥特法典曾经的规定，禁止也是有可能的。可以肯定的是，无论禁止与否，罗马人与蛮族的婚姻是面临诸多障碍的。罗马人非常重视婚姻，罗马法中也有大量与婚姻有关的规定。从理论上来说，罗马人对婚姻只有合法与非法的区别，似乎没有血缘或族群的考虑。当然，在基督教成为国家意识形态后，信仰因素也影响到婚姻合法性，如 388 年的一项法令就禁止基督徒与犹太教徒结婚。婚姻合法与否取决于婚姻双方的法律身份，只有公民才能缔结合法婚姻（ius connubium），并享有监护权和家长权等相关权利。罗马对公民的婚姻有严格限制，《十二铜表法》曾禁止元老贵族与平民之间的通婚，公元前 445 年的法律（lex canubleia）赋予平民合法婚姻权。乌尔比安说："罗马男性公民与罗马女性公民结婚合法；但与拉丁人及外邦人的婚姻，只有获得许可的，才合法。与奴隶的婚姻不

---

① Ralph W. Mathisen，Provinciales, Gentiles, and Marriages between Romans and Barbarians in the Late Roman Empire, *The Journal of Roman Studies*, Vol. 99（2009），pp. 140–155.

合法。"①罗马公民与拉丁人和外邦人之间的婚姻，如果法律身份不相同，则在权益和子女的身份上受到很大的影响。法律不禁止与拉丁人、外邦人结婚，也有详细规定。合法的婚姻权利受到保护，非法的婚姻则意味丧失身份或者权利，影响到婚生的孩子身份及男子最重要的父权（patria potestas）。罗马公民与外邦妇女生的孩子属外邦人，外邦男子与罗马公民妇女所生的孩子也是外邦人。这些规则对生活在蛮族王国的罗马人是始终有效的，一旦婚姻非法就意味身份和权利的严重损害。当然，一旦蛮族同时获得了罗马的公民权，成了罗马公民，法律上的障碍就不存在了。蛮族与罗马人的很多婚姻可能就属于这种情况。法律上的障碍无疑不利于蛮族与罗马人之间的融合。

第三节　民族观念

除了族群关系和结构层面的差异外，中国与西方在民族观念层面也有所不同。

一、以礼仪定夷夏

主导中国古代民族关系的是夷夏观念，强调礼仪，注重地域关系。夷夏观强调夷夏之辨。一方面，它强调夷夏之防，因而有"非我族类，其心必异"（《左传·成公四年》）、"裔不谋

---

① *Fragments of the Rules of Domitius Ulpianusm*，v. 4.（https://constitution.org/sps/ sps01_3.htm）.

夏，夷不乱华"(《左传·定公十年》)的说法。另一方面，它又更注重夷夏之变或互转，把礼仪和文化作为判定的主要指标，强调教化的作用。孟子的"吾闻用夏变夷者，未闻变于夷者"(《孟子·滕文公上》)虽然只强调单向度之变，但也把变作为定则。夷夏之辨中虽然不完全排除血统因素，但主要区别在于礼仪不同。行夷礼即为夷，行夏礼则为夏，夷夏可以互转。舜和周文王分别为东、西夷人，但均为华夏族代表。周太王的儿子泰伯、虞仲到江南后"文身断发"蛮夷化了，到春秋时期，其后裔吴国君主又成为华夏之邦的代表。楚国最初属华夏，迁到江汉地区后，变为蛮夷，成了"非我族类"，但到楚庄王时，又成了华夏文化的代表人物。杞国本是夏的后裔，但因行夷礼，到战国时期就成为东夷了。①

魏晋南北朝时期，民族矛盾尖锐，夷夏问题也比较突出，强调夷夏之防的论调也非常活跃，如郭钦、江统之类的徙戎派。但这派并没有成功，也不占主流，主流还是夷夏之变。诸胡由夏而夷，再自夷而夏的自我定位就是很好的说明。他们到了中原，用了华夏的礼制，就以中夏自居，就称其他胡人为戎狄，称南朝政权为"岛夷"。高欢的祖上本是汉人，迁到边镇后逐渐胡化，就以胡人自居了。顾欢的《夷夏论》虽然是从佛教的角度讲夷夏之别，但判别的标准还是礼仪，如顾欢所论："端委搢绅，诸华之容；剪发旷衣，群夷之服。擎跽磬

---

① 刘家和：《古代中国与世界——一个古史研究者的思考》，北京师范大学出版社 2010 年版，第 493—497 页。

折，侯甸之恭；狐蹲狗踞，荒流之肃。棺殡椁葬，中夏之制；火焚水沉，西戎之俗。全形守礼，继善之教；毁貌易性，绝恶之学……在鸟而鸟鸣，在兽而兽吼；教华而华言，化夷而夷语耳。"①

正是在这个时期，中国在民族认同方面得到进一步发展，汉人和胡人的认同感加强，呈现出"胡人汉化"和"汉人胡化"的双向过程。一方面，汉人对少数民族有认同。各少数民族都被认为与汉人有着共同的祖先，有血缘上的兄弟关系。如匈奴人被视为夏王朝的后裔，鲜卑人是黄帝的后裔，羯、氐、羌则分别是夏、有扈氏、舜的后裔。另一方面，少数民族也有对汉人的认同。匈奴人刘渊起兵时打的是恢复汉代刘家天下的旗号，自称"汉氏之甥"。因为两汉与匈奴多次和亲，匈奴人与刘家有姻亲关系。对刘渊来说，这不仅仅是一种政治口号，而且还带有一种责任与义务。

中国民族观的理论原型是五服制度，根据距离划分关系，确定夷夏。五服制出自《尚书·禹贡》，分为甸服、侯服、绥服、要服、荒服。根据这种理念，以王畿为中心，以500里为大单位，将疆土渐次分成五服。各服对中心的义务依次递减，每服之内也有差别，到荒服之地则没有义务要求了，不再视为臣，就是蛮夷了。按照公羊学家的解释，不但没有义务要求，而且不再实施教化，听任他们按照自己的制度礼仪生活。按照

---

① 《南齐书·高逸传》。

这种观念，血缘亲疏没有关系，根据距离所定的关系最重要。一旦越过荒服，进入要服，那就要纳入王化，变成有一定义务的臣，也有义务接受教化。无论夷夏还是徙戎，逻辑前提都是这个。这种观念在正史中尤为明显，成为中国民族融合及发展的重要理论基础。

二、以法律别蛮夷

在罗马的民族观念中，起主导作用的是蛮族观，注重的是法律身份。蛮族（barbarian）一词的希腊文 bárbaros 本为象声词音节，最初被希腊人用来指不说希腊话的人，尤其是波斯人等。到后来，行为举止上的不同也被纳入其中。在希腊人看来，这些非希腊人不但语言和理性都不行，品行道德也低一等。罗马人借用了这个说法。西塞罗在《论共和》里曾经谈到，按照希腊人的标准，所有的人要么是希腊人，要么是野蛮人。这样的话，罗慕路斯就是个野蛮人。但西塞罗接着又说，如果从人的行为举止而非语言来看，则希腊人与罗马人半斤八两，都可谓野蛮。他认为，应该以品行而非种族为标准。[①] 蛮族一词在罗马的文献中经常出现，其对象所指在不同时期也有所差异。一般说来，罗马人把除自己和希腊人之外的族群称为蛮族，尤其是那些在边疆地区的族群，到帝国时期尤其如此。蛮族一词多见于文学作品，帝国中期之前的法律文献中罕见，

---

① Cicero, *de re publica*, Harvard University Press, Cambridge, 1994, I. xxxvii. 58.

似乎不是一个正式的法律术语。帝国后期多与其他术语连用（据《狄奥多西法典》检索），但更像是为了展示文化高低的一种修辞，是野蛮落后的代名词。伊西多尔指出，蛮族人成为罗马人后，给罗马带来了财富，也带来了语言的读写及习俗上的错误，败坏了拉丁文的纯正，是一种野蛮行径（barbarismus）。他虽然指出了该词源于蛮族，但显然更侧重行为举止而非血统。①

　　实际上，罗马并不特别重视蛮族这个称呼，而是注重人的法律身份，并按照身份划分不同的群体。罗马人在制定法律时，首先把人群划分成不同的民族（gens），血统和语言虽然是区别的指标，但主要差别在法律，每个共同体都有自己的法律，在罗马则是罗马的公民法。按照这种区分，共同体法律管辖之外的群体就算蛮族。罗马人在向外扩张时，多称被征服地区的人为蛮族，一旦被征服者变成臣民乃至公民，也就不再是蛮族了（如高卢地区的凯尔特人）。从罗马的历史来看，这个特点是非常明显的，罗马的边境线大抵就是罗马与蛮族世界的分野。尽管如此，地理并非决定因素，因为边疆是征服战争自然形成的，真正的决定因素是个人的法律身份。即便是被作为物品对待的奴隶，只要合法获释，也可以成为公民。这一点与希腊不同，希腊禁止释放奴隶。从罗马的角度来说，一旦成为公民，就脱离了野蛮人的身份，成为文明世界的一员，无论人

---

① *The Etymologies of Isidore of Seville*, Stephen A. Barney, W. J. Lewis, J. A. Beach, Oliver Berghof trans., Cambridge University Press, Cambridge, 2006, I.xxxii.

在哪里。到帝国后期，这个特点更加明显。马提森提出，罗马的公民权普及后，原来的外邦人大都成为公民。从边境进入的新外邦人虽也居住生活在帝国，甚至纳入到罗马法律的管辖中，但因为没有公民权，所以被统称为蛮族。[①] 这种法律身份决定是蛮族还是罗马人的观念，与中国地域关系决定夷夏的观念是不同的。这或许可以说明为何在相似的处境下，夷夏问题成为中国争论的重点，而罗马人除了史实记载外，很少像中国那样谈论蛮族话题，甚至不把它视为问题。

由于民族结构的差异，中西的民族认同结果也就不一样。中国形成了华夏主体的认同，少数民族也将自己的血缘和谱系纳入到三皇五帝，按照华夏的传统谱写历史。西方的蛮族则保持了族群的独立性，建立了自己的民族认同。其共同特点大致有两个：一方面，蛮族纷纷构建自己的历史，以王室英雄为中心，形成自己的历史谱系，强调各自的特性和历史主体性，突显地域的特点。约丹尼斯同时写了罗马人和哥特人的历史，并以自己是哥特人的一员而自豪；都尔的格雷戈里则主要关注高卢地区，伊西多尔的历史从赞美西班牙和哥特人入手，采用的是西班牙本地的纪年法。另一方面，则多将民族谱系追溯到基督教。当然，这时期也有追溯到特洛伊的，如法兰克人。伊西多尔在讨论民族时，就是从《创世记》开始，连语言也是从单

---

① Ralhp W. Mathisen, Peregrini, Barbari and Cives Romani: Concepts of Citizenship and the Legal Identity of Barbarians in the Later Roman Empire, *The American Historical Review*, Oct., 2006, p.1021.

一的希伯来语变乱而来的，而所有的民族都来自挪亚的子孙，其中 15 个源于雅弗，31 或 32 个来源于含，27 个来自闪。在这些民族中，蛮族大都来自雅弗的子孙，他们占据了从陶鲁斯山以北的小亚中部地区到不列颠海地区的所有欧罗巴地区。高卢人是歌蔑的子孙；斯基泰人和哥特人是玛各的子孙，最早称盖特人（getae）；色雷斯人是提拉的子孙。① 除了谱系追溯外，也大都采用了基督教的纪年法，这在约丹尼斯的《哥特史》、都尔主教格雷戈里的《法兰克人史》、比德的《英吉利教会史》、执事保罗《伦巴德人史》等蛮族史书里面是很明显的。

---

① *The Etymologies of Isidore of Seville*, IX. i–ii.

第五章　民族融合异同的政治因素

从政治角度来说，魏晋至隋唐时期的中西分裂之同中还是有异的。中国是分裂中体现着统一，而西方则是无序的分裂。其背后对应着不同的权力及政治结构。中国形成了以中央集权为特征的帝制，可以说成为了一个有机整体。西方的体制中没有形成真正的有机体，联合并不牢固，其特征是自治，基础是城邦意识。帝制的转型并没有带来观念的转型和运作的转型，日耳曼人进来后保留这种特色，王权较弱，地方自治色彩浓厚。在政治权力中断后，地方自治更是大盛。

第一节　政治传统

一、分裂的不同

魏晋至隋唐时期，中国与西方的罗马世界虽然均处在乱世，但双方的乱有本质的不同。中国虽然分裂，但却是有中心的。西方的分裂是散乱的，缺乏中心。

中国的乱并非杂乱，而是乱中有中心，乱中有统。大致说来，魏晋南北朝时期的北方先后有三个相互关联的中心或谱系。第一个中心是前赵和后赵，第二个中心是前秦，第三个中心为北魏。二赵政权是从西晋的体系中脱离出来的。前赵的建立者刘渊既是匈奴人的首领，又是晋朝的大臣。他的根据地并州是西晋的重镇，其政权也结合了西晋的北方势力。后赵政权是从前赵政权发展出来的，其创建者石勒曾是刘渊的大将及功臣。石勒后来独立，与刘氏政权成东西对立之势，还灭掉了前赵政权。第二个中心的前秦脱胎于第一个中心。前秦的奠基者苻洪曾先后归顺汉赵和石赵，也曾归顺东晋，称三秦王后占据关中地区。前秦最初与东部的前燕东西对立，在苻坚时期基本统一了北方，将前燕、代国、前凉、仇池国等纳入自己的版图中。第三个中心是在第二个中心的基础上发展起来。淝水之战后，苻秦的统一局面瓦解，苻坚的部下纷纷自立，姚苌立后秦，被苻坚迁到长安的前燕王室慕容泓建立西燕，流亡前秦的慕容垂建后燕，其弟慕容德创立了南燕，丁零人翟辽建立翟魏，鲜卑人乞伏国仁立西秦，匈奴赫连勃勃建立大夏，受苻坚之命经营西域的吕光建立后凉，杨定恢复仇池国。拓跋珪虽然并非苻坚的直接部下，代国的恢复也是在苻秦瓦解基础上实现的，是以臣子的身份发展起来的。北魏一方面与后燕和北燕对抗，另一方面与西部的大夏和北凉对立。这些政权之间既相互联合，又相互斗争，最终统一于北魏（439 年灭北凉）。中国的五胡十六国政权虽然多，但政治上是一个有机整体，蕴含着统一的因素和意识。南方的东晋及宋齐梁朝各代则是次第禅代和相互承继的关系，都以建康为中心，也是一个有机的政治整体。

罗马帝国的蛮族情况则不太一样。一方面，在西部帝国地盘上建立的各政权是分散的，相互之间少有从属关系。匈奴人虽然自西向东横扫罗马帝国腹地，并吸纳了不同族群，但在进入罗马帝国后半个多世纪里，处在不断的移动中，也没有固定的政治中心。随着夏龙战役溃败以及阿提拉暴毙，匈奴人势力也很快土崩瓦解。日耳曼人的主要政权中，西哥特人在西班牙，苏维汇人在葡萄牙，汪达尔人占据着北非，勃艮第人在下日耳曼行省，法兰克人的重心在高卢和莱茵河流域，东哥特人占据着意大利。他们从5世纪初开始先后以盟友身份侨居帝国境内，并逐渐成为事实上的独立政权。当然，各政权之间存在联姻甚至灭国的情况，如西哥特吞并了苏维汇，法兰克人兼并了勃艮第，伦巴德人取代了东哥特。不过，多中心的分散特点始终存在。东哥特国王狄奥多里克一世曾以外祖父的身份摄政西哥特，但理论上西哥特还是独立政权。另一方面，各蛮族政权分别与罗马建立单向的关系。除了因临时需要而结成的反罗马同盟，并不存在一个针对罗马的长久联合阵线。整体而言，西罗马帝国地盘上的各政权之间缺乏明显的中心，是杂乱的。

二、分裂与分治

在这个时期，中国的分裂是被动的，西方的分裂主动色彩居多，分治的色彩更浓。

中国的政治分裂是在统一局面无法维持下去的前提下形成的，是各派势均力敌的产物，是被动的分裂。一旦均衡打破，则会走向统一。即便在分裂中，也在谋求统一。曹操、刘备、孙权三大权力集团内部的整合与统一奠定了魏蜀吴鼎立的基础，魏国及后来代魏的西晋打破了均势，灭掉了蜀吴，实现了统一。在北方的十六国等内部，谋求统一的趋向是很明显的，在前秦和北魏政权那里变为现实。北方各政权与南方的东晋相互多次战争，目的也是统一，尽管没有成功。这种均势状态延续到北朝和南朝，最后被北周和隋所打破，中国统一的局面也再度恢复。该进程在唐代更加明显，李唐王朝通过战争、和亲、招降等方式，不断将周边族群纳入，设法加强中央权力，稳定扩大统一局面。羁縻制度则为统一增添了更加稳定的制度保障。安史之乱之后，随着节度使权力膨胀和藩镇割据，中央的控制力减弱，并在黄巢等农民起义的冲击下彻底瓦解，进入五代十国时期。在这个过程中，无论汉人政权还是胡人政权，大都主动谋求统一，以统一为己任。

这种特点在罗马帝国并不很明显。罗马帝国的分裂当然也是客观形势造成的，但罗马人应对危机的方式显然与中国不同。他们采取的是主动分裂，也就是分治的方式，尤其是在面对边境的蛮族压力时。罗马历史上就有分权的传统。共和国时期，罗马最高级别的官吏——执政官有两位，他们在权力的分配上是有侧重的。帝国时期，为了确保权力在家族内继承，屋大维在公元前 6 年任命提比略（Tiberius）为共治皇帝。这也成为后来的一个传统。公元 161 年，马可·奥勒留即位后，任命维鲁斯为共治皇帝，他本人主要对付北部边境的日耳曼人，维鲁斯则负责与帕提亚的战争。戴克里先上台后，又采取四帝共治的政策，每个皇帝负责一个地区，也是为了对付边境的蛮族。这种分治的思路成为后来帝国政治的常态。一位皇帝统治的现象当然存在，如君士坦丁一世。他是在打败了其他共治的皇帝后独揽大权的，但他也按照共治的思路，把帝位分给了儿子和侄子。395 年，狄奥多西一世将帝国分给两个儿子，此后东西分治变为定则。从此，罗马帝国东西部分的皇位继承各自运作，共治的传统也延续着。① 虽然在共治的体系中，皇帝的权威有大小，理论上总有一个权威（auctoritas）是最高的，整个帝国也被视为一个整体，但在实际的运作上是分开的。后世的君主中，除了查士丁尼一世外，并没有以统一疆土为己任的。建立在西部帝国领土之上的各蛮族政权似乎也没有统一的意愿。蛮族领袖多满足于盟友的身份，向东部的皇帝称臣。他们更强调自己作为族群的王的身份，并没有称帝的想法，也无恢复西部帝国的意愿。不仅如此，日耳曼人政权内部大多数也存在分权和分治的观念。当然，查理曼是个例外，他在 800 年

---

① 在这个问题上，帝国早期都以皇帝（imperator）的名义共治，四帝共治有两个奥古斯都、两个凯撒，奥古斯都高于凯撒。帝国后期形式不一。一般是皇帝之下有奥古斯都或凯撒，其中奥古斯都又有大小之分，也有像早期那样都称皇帝的。实际上，罗马的 imperator 与中国的"皇帝"内涵有很大不同。中国学界已有学者关注这个问题，提出用"皇帝"对译并不准确。

当上了罗马人的皇帝，但他的帝国很快也就分裂了。查理曼本人最初也是与他的哥哥平分政权，他的哥哥入修道院后他才独享政权。

第二节　政治结构

中西政治方面的差异与各自的政治结构有关。表面看来，中国和罗马都曾是统一的帝国，但二者的统一之同中有着深刻的差异。中国的统一形成了一个有机整体，是由众多的既有差别又有联系的有机的"一"构成的，无论分裂还是统一时期，这些"一"本质上是一个整体。这个传统形成于秦，初步发展于汉，在魏晋南北朝时期得到了强化。罗马的统一则比较松散，没有把各区域整合成一个有机整体，是由杂多的"一"构成的。罗马延续了希腊罗马传统的自治政治模式和理念，虽经帝国而没有根本改变。这可以从政治体制、居民身份及法律等方面加以说明。

一、中国政治制度的有机之"一"

中国的统一在秦代就完成了。周代实行分封政治，诸侯国散布各地，以周王为共主，各主其政。春秋战国时期，随着周王室的衰落，诸侯势力上升，并相互争霸，成为事实上的独立政权，原本就非常松散的共主局面已经无法维持。秦国最后打败了所有政权，完成了中国的统一。秦统一虽然是通过武力手段实现的,但却是中国历史发展的必然结果。春秋战国时期的中国虽然也是战乱分裂状态,但中国统一的基础已经具备,各诸侯国的制度和文化并无本质不同,在争霸的过程中都打着尊王的旗号。诸子百家的政治理论虽有不同,但整体上是在君主制之下进行思考,更关注君主如何统治。各国文字虽然有区别,但主要差异在书写方式。秦始皇统一中国,变封建为郡县,实行中央集权的体制,不但实现了政治上的一体化,而且完成了文字和度量衡等的一体化,试图消除原来各诸侯国内部的差异,使中国成为一个有机整体,把原来松散的共主局面变为真正的统一。在此后的政治实践中,郡县制逐渐战胜分封制,成为中国政治体制的基础。汉初曾经吸取秦亡的教训,实行分封,郡国并行,但引发了"七国之乱"。同样的情况出现在西晋。晋武帝采纳刘颂的建议,大肆分封同姓王,赋予他们行政及军事权力,致使地方诸侯王势力过大,酿成"八王之乱",直接导致了西晋的灭亡。分封的弊端就连石勒这样的少数民族君主也看得很清楚。楚汉相争时,郦食其向刘邦献计,以解荥阳之围:"昔汤伐桀,封其后于杞。武王伐纣,封其后于宋。今秦失德弃义,侵伐诸侯社稷,灭六国之后,使无立锥之地。陛下诚能复立六国后世,毕已受印,此其君臣百姓必皆戴陛下之德,莫不乡风慕义,原为臣妾。德义已行,陛下南乡称霸,楚必敛衽而朝。"这个计划被张良否定,郦食其也被刘邦大骂"竖儒,几败而

公事！"① 石勒"尝使人读《汉书》，闻郦食其劝立六国后，大
惊曰：'此法当失，何得遂成天下！'至留侯谏，乃曰：'赖有此
耳。'"② 此后，分封制虽然在中国古代始终存在，封建与郡县
的争论也偶有发生，但已与周代的分封大不相同，受封藩王只
食禄，不参与封国郡县治理，已非政治制度的主干。唐太宗时
期曾经讨论过分封宗亲，以加强统治，但遭到长孙无忌、封德
彝等反对，便采取降爵的办法，削弱高祖时期广为分封的宗
室势力。"于是宗室率以属疏降爵为郡公，唯有功者数十人封
王。"③ 中唐时期，柳宗元著《封建论》，进一步驳斥分封的主
张，郡县制愈加稳固。

　　秦始皇创立的中央集权的君主制度经汉代的发展，到魏晋
南北朝时期，已经彻底稳定下来，中国境内的政权无论胡汉，都
不约而同地加以采用。这种模式虽有时空的差异，如少数民族
政权中的传统部族势力较大，东晋时期士族专权，但这并非质
的不同，而只是量的多少，即中央集权程度上的差异。胡族政
权中的部族势力虽然大，也是在皇帝的权威下运作的，如匈奴
的单于制、鲜卑的四部大人制度等。随着皇权的强化，这些因
素逐渐消失。东晋的士家大族虽然抗衡王权，出现"王与马，共
天下"的局面，士族甚至能决定皇帝的废立。东晋简文帝司马
昱为权臣桓温所逼，"手诏报曰：'若晋祚灵长，公便宜奉行前

---

① 《史记·留侯世家》。
② 《晋书·载记·石勒下》。
③ 《旧唐书·宗室列传》。

诏。如其大运去矣，请避贤路。'"①刘宋少帝刘义符时期，徐羡之、傅亮、谢晦、檀道济等废杀他及其弟弟刘义真，改立刘义隆。但如田余庆所论，这只是皇权的变态，仍然没有脱离皇权政治之本质。②在君主体制下，中央以皇帝为中心，辅之以一套庞大的官僚机构，实现权力的集中。与此同时，中央通过郡县制确保对地方的控制，同时掌握着地方官吏的任免权。郡县并无独立的法权地位，只是管理的环节。在这种体制下，从中央到地方，形成一套垂直的体制，理论上中央的权力可以深入基层。

中国居民内部的法律身份比较单一。周代按照居住地是否在城邑之内将居民划分为国人和野人，都属于民，与其相对的是奴隶。此外，在分封制下，又按照血缘姻亲等将居民划分为贵族和庶人，贵族又按照爵位分为五等，分别享有不同的政治及经济等特权。秦国自秦献公时期，开始打破国野制度，消除了居民内部身份的差异，将所有的居民统一编户，成为国家的"齐民"。到商鞅变法时期，进一步推广县制，并用以军功为基础的二十等爵制取代周代的五等爵制，打破世卿世禄制度。在"编户齐民"制度下，除皇帝外，所有人的身份都相同，要对国家尽义务，所不同的是爵位高低影响税役轻重。对宗室之外的大多数人而言，爵位是军功的奖赏，而非天然的权利。这个特点在魏晋南北朝时期也没有变化。

统一的法律也是中国政治结构的一个重要特点。魏晋南北

① 《晋书·简文帝纪》。
② 参见田余庆：《东晋门阀政治》，北京大学出版社2012年版，第324—331页。

128

朝时期，各政权整体上延续了秦汉以来的法律体制。秦律源于魏文侯时李悝的《法经》，"商君受之以相秦"。汉承秦制，以萧何编订的九章律为主。曹魏初用秦汉旧律，后又"删约旧科，傍采汉律，定为魏法"；"改汉旧律不行于魏者皆除之，更依古义制为五刑"。西晋的泰始律由贾充等以汉九章为基础定法律二十篇，首次律令分开，有律令合计 60 卷，故事 30 卷①。东晋偏安江左，沿用泰始律，有张斐、杜预注释，宋齐因之。梁律的底本是齐武帝时的张杜旧律注合本的集注。陈制律 30 卷，令科 40 卷，除了强调清议禁锢之科外，大都"一用梁法"②。北方的胡族政权在法律上亦多沿用汉晋体系，南燕慕容超"令博士已上参考旧事，依《吕刑》及汉、魏、晋律令，消息增损，议成燕律。五刑之属三千，而罪莫大于不孝"。北魏最初并没有成文法律，直到拓跋焘时期才由崔浩定律令，到孝文帝时期定下北魏律。此后北齐刊定东魏《麟趾格》，并成为北齐律的蓝本，大抵沿用魏晋故事而有所损益。北周制《大律》，隋多因之。唐高祖受禅后，以隋开皇律令为基础制定法律，增加新制五十三条格。唐太宗时期，房玄龄等"与法司定律五百条，分为十二卷"；"又定令一千五百九十条，为三十卷"；"又删武德、贞观已来敕格三千余件，定留七百条，以为格十八卷，留本司施行"；又加上八议及十恶不赦等。③《新唐书·刑法志》载：

① 《晋书·刑法志》。
② 《隋书·刑法志》。
③ 《旧唐书·刑法志》。

"玄龄等遂与法司增损隋律，降大辟为流者九十二，流为徒者七十一，以为律；定令一千五百四十六条，以为令；又删武德以来敕三千余条为七百条，以为格；又取尚书省列曹及诸寺、监、十六卫计帐以为式。""令者，尊卑贵贱之等数，国家之制度也；格者，百官有司之所常行之事也；式者，其所常守之法也。凡邦国之政，必从事于此三者。其有所违及人之为恶而入于罪戾者，一断以律。"虽然经过多次调整，但延续了律、令、格、式基本传统和立法精神。

国内学术界对魏晋至隋唐时期的法律谱系等问题看法不同。例如，程树德认为自晋以后，法律分南北两支，南朝一支随着齐的灭亡而中断，北方一支则前后相继，经北魏隋唐一直延续到明清，其中元魏律的地位至关重要。陈寅恪进一步提出，北魏的法律汇集了中原、河西、江左三大文化因素，经北齐传至隋唐，是华夏刑律的正统。陈寅恪认为，北魏模仿了江左继承的汉魏西晋传统及其在东晋宋齐的发展，又吸收了河西文化的成分，到北齐集大成。江左因素中的南朝后期的梁陈因素并不多，至于西魏、北周就更少了，隋受禅承袭的是北齐而非北周。① 这些问题还与学术界关于隋唐制度与南朝和北朝关系等争论相关联，至今还没有完全一致的看法。

笔者认为，魏晋至隋唐时期，虽然各政权的法律各不相

---

① 参见程树德：《九朝律考》，商务印书馆 2010 年版，第 249 页；陈寅恪：《隋唐制度渊源略论稿 唐代政治史述论稿》，商务印书馆 2011 年版，第 111—127 页。

同，如具体内容、分类以及与礼的关系等，各朝对前代的法律
也会增减，但就法律的特点等而言，似乎并没有质的区别。学
者们的分歧多集中在法和刑的分类、条文多寡或操作规程等，
从这些角度来看，每个政权的法律当然不一样，同一个政权的
不同时期也有差异，律令格式等具体内容等变化也不小。不过，
如果从法律的理念及基本框架来看，这些分歧的意义其实不大。
一方面，从理念上来看，魏晋南北朝的法律整体上延续秦汉，
而秦汉的法律则源于三代，这可以从《尚书》的《舜典》《吕刑》
中看出来。古文《尚书》的《舜典》中有"象以典刑，流宥五刑，
鞭作官刑，扑作教刑，金作赎刑。眚灾肆赦，怙终贼刑"。今文
《尚书》的《吕刑》篇是周代的法律，其中提到了墨、劓、剕、宫、
大辟五种刑罚，"墨罚之属千。劓罚之属千，剕罚之属五百，宫
罚之属三百，大辟之罚其属二百。五刑之属三千"。《尚书》中
的记载为后世立法提供了基本范式和理念，确立了刑和罚的核
心内容。各代法律自然有所变化，宽严有所不同，也有新的种
类出现，如令、科、格、式等，但笔者认为，这些变化主要在
分类及量的层面，而非质的改变。到战国时期，随着法家的出
现，严刑峻法成为重要特点。汉代去秦严苛，废除肉刑，多用
赎、流，并强化了儒家伦理的法理色彩，有所谓的"《春秋》决
狱"。魏晋以后虽有调整，但基本性质上是一样的。北方各政权
也基本沿用这套制度，尽管各族不同程度地保存了原有的习俗，
但在理念上是一致的，并没有因地域和民族而异。诸法各有侧
重，或崇儒或重法，因朝因人而异。大致说来，两汉崇儒，曹

魏重法，晋重孝并引礼入法，始有五服制罪，并对后来北方的法律影响巨大。就同一个朝代的不同时期来看，则与具体的政治、经济、社会环境等密切相关。大致说来，开国君主多救前朝之弊，宽严相济、张弛相依，乱世或末世之君则多法废刑乱。另一方面，各朝的法律以刑事和民事为主，重点在刑和罚，较少有关于"齐民"的权利规定。所不同的是分类及条目的多少和处置的方式，是量而非质的区别。

制度上的统一是与观念的变化相辅相成的。中国很早出现了四海一家的思想，将国和家、忠和孝集合在一起，形成了较为稳定的观念。①《诗经·小雅·北山》里就有"普天之下，莫非王土；率土之滨，莫非王臣"的说法，孔子的弟子子夏则说："四海之内，皆兄弟也。"（《论语·颜渊》）这些都为统一奠定了理论基础。到汉代，随着儒家成为官方意识形态以及"大一统"观念的强化，统一的观念更是深入人心，成为共识。其最主要的标志就是正统论，而正统也是所有政权努力追求的目标。这种特点即便是在魏晋南北朝这个分裂动荡的时代，也表现得非常明显，无论胡汉，都以正统自居，都追求统一。前秦苻坚在统一北方后，所想的就是统一整个中国，他说："四方略定，惟东南一隅未宾王化。吾每思天下不一，未尝不临食辍哺，今欲起天下兵以讨之。"② 苻坚没有完成的统一任务后来被北魏实现了。

---

① 详见刘家和：《古代中国与世界——一个古史研究者的思考》，北京师范大学出版社 2010 年版，第 353—360 页。
② 《晋书·载记·苻坚下》。

二、西方政治制度的杂多之"一"

与中国相比，罗马的统一程度较低，帝国内部差异大，政治结构较为松散。

第一，罗马虽然征服了地中海周围的广大地区，建立了众多的殖民地，对被征服地区进行统治，但并没有在帝国境内推行罗马的制度。只要承认帝国的权威，履行纳税及军事等义务，被征服地区可以保留自己的制度、法律、信仰和语言，实行一定程度的自治，原来的统治集团也可以继续掌权，罗马人并不过多干预。罗马帝国境内各地的历史传统不一，政治体制差异大，君主制、民主制、共和制均有，有些偏远地区甚至还处在部落酋长的领导之下。不仅如此，罗马帝国东部的希腊文化圈和西部的拉丁文化圈的差异也很大，也没有统一的历法纪年。日耳曼人进入罗马帝国，多数延续了各自传统的政治和法律模式。

第二，中央与地方的关系比较复杂。罗马帝国中央政权的中心是皇帝，掌握着行政、军事、财政和司法大权，并有一套服务于他的官僚机构，但规模有限。公民大会虽然存在，但权力都转归元老院，皇帝则控制了元老院。随着元首制向君主制过渡及后期皇帝不断强化权力，元老院完全成为摆设，在迁都君士坦丁堡后，更是沦为地方机构，直到7世纪初彻底消失。尽管如此，共和时期的体制在形式上还保留着，执政官、保民官、监察官等一直存在，也保持着每年选举的惯例。元老院掌握着部分行省，可以自己任命总督。帝国中央与地方也没有形成一个上下垂直的有机权力网络。行省的官僚机构很小，总督直接管辖的地方有限。在行省的地盘上，还存在着众多的城市共同体（或公民共同体，civitas①），这是罗马文明的重要特点。罗马的城市种类多样，既有罗马和拉丁殖民地，也有众多的自治城市（municipia），还有外邦人（peregrini）城市，其中外邦人城市按照地位高低又分为同盟城市（foederatae）、享受免税优待的自由城市（liberae）和无优待的纳税城市（stipendariae）。每个城市与罗马的关系不同，其法律地位和权力亦各不相同，市民的权利也不同。有的城市有驻军，有的则没有。这些城市根据罗马的授权自我管理，多延续原有的体制和习俗。只要按照规定承担相应的军事义务，缴纳赋税，总督基本不过问这些地区的事务。

第三，帝国内部的居民身份差异巨大。罗马帝国境内的居民分为自由民（liberi）和奴隶（servi）两类，其中自由民又分为天生自由民（ingenuus）和获释自由民（libertini）。天生自由民是罗马公民，除了财产等级的区别外，还有权利的差别。罗马公民有全权和非全权之分。全权公民不但有财产权（拥有财产、订立契约等）、合法婚姻权、迁徙权等，而且有选举权且可以担任公职；非全权公民则没有选举权和被选举权。获

---

① Civitas 源于 civi，后者的本义是"伙伴"或"同仁"。用来指通过共同的法律结成的公民共同体，其中多数为城市或城邦，也包括藩属国和部落等组织。关于罗马的城市，参见 James S.Reid, *The Municipalities of the Roman Empire*, Cambridge University Press, Cambridge, 1913; A.H.M.Jones, *Cities of the Eastern Roman Provinces,* Oxford University Press, Oxford, 1998。

释自由民包括罗马公民、拉丁人和经罗马人同意投降的敌人
（dediticii）。奴隶经过合法的释放手续，可以成为非全权罗马
公民；拉丁人只拥有财产权和迁徙权；战败投降获释的人则没
有权利订立任何形式的遗嘱，不能成为罗马公民，也不能居住
在罗马及其周围。[1] 在罗马公民和奴隶之外，包括行省居民在
内的都算作外邦人（peregrini），他们受万民法的约束，只有服
兵役缴纳赋税的义务，没有任何权利。212 年，皇帝卡拉卡拉
宣布给予境内所有自由民（不包括战败投降的敌人、奴隶）罗
马公民资格。[2] 但这个措施并没有像传统认为的那样彻底取消
了帝国境内居民的身份差异，因为成为罗马人并不意味着放弃
原来的身份，新的罗马公民同时有两种身份，既是原来共同体

---

[1]　Francis de Zulueta（ed.），*The Institutes of Gaius, Text with Critical Notes and Translation*, Parts I, Clarendon Press, Oxford, 1946, I.v.ff.

[2]　Constitutio Antoniniana 在古代的著作中没有保留下来原文，同时代的法学家乌尔比安（Ulpian）说他给予所有人公民权（《学说汇纂》，1.5.17）；卡西乌斯·迪奥（Cassius Dio）则说他颁布该法的目的是为了增加税收（《罗马史》，78.9—10）。但是现代学者提出，从税收角度来说，获得公民权的人似乎对税收贡献不大，更多的可能是在解决兵源匮乏问题，因为非罗马人只能充当辅助部队，不能成为军团的主力。20 世纪初，该法律的希腊文纸草文本在埃及发现，现存三种文本内容不完全相同。学者们在文本的具体内涵等问题上争论颇多，例如，该法令是针对 212 年的情况还是通则，212 以后来到帝国的人是不是自动成为罗马公民？如果是这样，4 世纪以后的法律里面各种身份的人又该如何解释？进入帝国的蛮族为何没有集体获得公民身份？参见 A.N.Sherwin-White, *The Roman Citizenship*, 2nd Edition, Oxford University Press, Oxford, 1973, pp.380–393。关于该法令的学术史及现存文本等，参见 Alex Imrie, *The Antonine Constitution: An Edict for the Caracallan Empire,* Brill, Leiden, 2018。

的成员，又是罗马公民。①

第四，从法律角度来说，多种法律并存是帝国的特征。罗马历史上，对不同的群体实行不同的法律，公民有公民法，公民之外的群体则有万民法。随着公民群体的扩大，公民法适用的范围自然也在扩大，尤其是在行省。不过，这并不是以取消地方原有法律为前提的，地方法律仍存在并发挥作用，因为非罗马人在成为罗马公民后，并没有放弃原来的身份，在遇到纠纷时，可以选择采用哪种法律。基督教的耶稣和使徒保罗就是很好的例子，《圣经》福音书中记载的耶稣的审判很能说明这一点。按照总督彼拉多的意思，虽然他握有生杀大权，但仍希望犹太人用他们自己的法律进行审判。在这个要求被拒绝后，他提出按照犹太人的习俗来处理，释放耶稣。再次遭到拒绝后，他才判处耶稣死刑。保罗是犹太人，同时是罗马公民。他被捕后，负责的军事长官（tribune）最初是按照犹太人的法律进行审判，要打他，但在保罗表明自己的公民身份后，就改用罗马的公民法来处理。有学者指出："罗马法在行省的发展史不是通过系统输出的形式，不是用一种法律模式取代其他的模式。"② 212 年的公民权普及后，罗马的法律在帝国更加普及，非罗马公民间的纠纷也有用罗马法律裁决的，有些法律也确实

① 罗马传统上禁止拥有双重公民身份，外邦人一旦成为罗马公民，就要放弃原有身份。凯撒当政时期，这个规定取消。

② John Richardson, "The Roman Law in the Provinces", in *The Cambridge Companion to Roman Law*, David Johnston（ed.）, Cambridge University Press, Cambridge, 2015, p.56.

罗马化了，如法律的程式和合同方式等，尽管内容上还保留着原来的体系。即便如此，罗马的法律与地方法律并行的特点还是保留下来，尤其是在传统的希腊文化区域。罗马对行省并没有统一的法律规定，只对总督有统一的立法监督，以防其滥用职权和腐败。行省有自己的法律，一般由总督制定，经元老院批准，但并非每个行省都有自己的法律，法律也不是行省体制的必要组成部分。总督司法权受行省内各共同体法律的制约，各共同体使用的法律不同，内部纠纷多内部解决。行省之间的差异较大，而且受总督的个体影响大，到底是用罗马法还是地方的法律，主要取决于总督，帝国并没强制规定，主动权仍掌握在地方手中。①

罗马帝国政治结构的松散性是与其政治理念或哲学相一致的。罗马帝国是从一个城邦发展起来的，保留了浓厚的城邦传统。希腊、罗马的城邦人口规模有限，地域范围也多以核心城市及周围附属地为限。在亚里士多德等看来，人口和地域规模的限制是保证城邦健康生存的前提。为此，要从法律上区分公民与非公民，严格限制公民资格，保证资源占有的均衡，一旦人口规模过大，就要分流。每个城邦都是一个独立的国家，以公民共同体为核心，按自己的法律进行治理。为了控制规模，城邦以殖民方式对公民进行分流。新建的殖

---

① Kimberley Czajkowski, Benedikt Eckhardt, "Law Status and Agency in the Roman Provinces", *Past and Present,* No. 241（Nov. 2018）.

民地虽然与母邦关系密切，但和母邦一样是独立的。① 罗马公民受父命到拉丁地区殖民，就摆脱了父权的控制，成为殖民地城邦的公民。在希腊的历史上，虽然城邦之间经常有战争，也存在过大的区域联盟，但城邦被灭掉的情况并不多。斯巴达在伯罗奔尼撒战争中虽然打败了雅典，但雅典的独立并未丢失。雅典以提洛同盟为依托成为希腊的霸主，使加盟各邦沦为附庸，尽管如此，盟邦还保持着独立，内部事务的主导权并没有变化。即便到后来的亚历山大帝国时期，这种特点也没有根本改变。罗马人延续了这种传统。它建立的殖民地都按照自己的法律自治，被征服地区在承认罗马主权的前提下，也可以按照原先的体制实行地方自治。罗马人鼓励被征服地区采用罗马的体制，但并不强制。即便到了帝国后期君主制建立，皇帝的权力不断强化，这种理念仍然保持着。就连涌入帝国的日耳曼人也是以族群为单位，实行自治，只要他们承认皇帝的权威，并在需要时为帝国提供军事援助。可以说，罗马虽然建立了庞大的帝国，也实现了由共和向帝制的转变，建立了行省体制，但在理念上并没有改变，仍然沿袭了城邦政治的思路。② 希腊、罗马虽然有很多哲学流派，也有不少政治理论，但并没有哪一派被官方作为意识形态。这

---

① 当然，殖民的原因有多种，如战争、内乱及主动人口分流，但结果是一样的，即都形成独立或自治城邦。

② 西方也有类似中国大同观念的 cosmicos，本义为世界公民。这种观念在斯多葛派哲学那里比较盛行，在罗马也有马可·奥勒留等皇帝自诩世界公民，但仅仅停留在观念层面。后来的则变为基督教世界观下的一同。

一点是与中国大不同的。

可以说，中西不同的政治传统及结构特点为中西文明的不同发展奠定了基础，也决定了中西民族融合的结局。

第六章　民族融合异同的文化因素

　　魏晋至隋唐时期，除了政治方面的因素外，中国和西方民族发展的不同还与各自的文化结构关系重大。[①] 文化是最能体现民族特点的元素，包括物质和精神两个层面，其中精神层面又以宗教信仰为重要因素，是世界观和价值观的基础之一。这个时期中西在信仰领域里都发生了巨大的变化，对文化和民族发展都影响深远。可以说，中西同样都面临着新宗教的冲击，但最终结果却大相径庭。佛教在中国的发展既没有导致儒家思想和道教的消失，也没有改变多元信仰并存的传统格局。在这个过程中，胡汉也形成以儒家思想为核心、兼容道教和佛教的文化认同。基督教在西方的发展改变了原有的信仰格局，致使古典文化消失。在这个过程中，罗马人和入居帝国的蛮族相继抛弃了自己的传统，不约而同地转向基督教，形成以基督教为纽带的新认同。笔者认为，这种结果上的巨大反差不是偶然

---

　　① 参见刘家和主编：《中西古代历史、史学与理论比较》，北京师范大学出版社 2013 年版，"余论"。

的，而是有其必然性，可以从各自的文化结构，即文化传统和文化观念两个方面来理解。

第一节　文化传统

从文化传统来看，中西的差距是明显的。

一、汉文化传统的扩大和发展

中国的少数民族虽然大部分居住在中原政权的边陲，语言习俗等与汉人不一样，但在与汉人通商、和亲、通使、入质、朝贺等过程中，对汉文化了解较多，受到的影响较大。汉文帝时，燕人中行说跑到匈奴那里，"说教单于左右疏记，以计课其人众畜物"。他还用汉人的礼仪教导匈奴，并用来对付汉室。这个时期的匈奴早已"好汉缯絮食物"①，习惯上已经颇汉化了，以至于中行说要采取措施加以阻止。呼韩邪单于归附汉室后，就完全按照汉朝公侯的礼仪行事了。南单于内附后，"兼祀汉帝"。内附少数民族接受汉文化教育，与汉族士人交往，到魏晋时期，不少人汉文化的修养非常高，尤以他们的君主为代表。他们之中的鲜卑慕容汉化最深，慕容廆深受张华器重，又能"抗士大夫之礼"，慕容皝"尚经学，善天文"。匈奴人刘渊"幼好学，师事上党崔游，习《毛诗》《京氏易》《马氏尚书》，

---

① 《史记·匈奴列传》。

尤好《春秋左氏传》《孙吴兵法》，略皆颂之，《史》、《汉》、诸子，无不综览"。刘聪则"年十四，究通经史，兼综百家之言，《孙吴兵法》靡不诵之。工草隶，善属文，著述怀诗百余篇、赋颂五十余篇"。在晋怀帝为豫章王时，刘聪曾经与他和王武子比试文武，还能取胜。符坚"博学多才艺"，姚兴既能"讲论道艺，错综名理"，又能翻译佛经，沮渠蒙逊"博涉群史，颇晓天文"。即便是不识字的君主如石勒等，也熟知中国历史，"常令儒生读史书而听之，每以其意论古帝王善恶，朝贤儒士听者莫不归美焉"。秃发傉檀能"论六国从横之规，三家战争之略，远言天命废兴，近陈人事成败"，令姚兴的尚书郎韦综叹服不已。到唐代，边疆民族学习汉文化的风气仍然浓厚。

少数民族君主不但自身汉文化修养高，在建立政权后，都自觉采用汉文化，积极推动汉文化的发展。这个过程在北魏孝文帝改革时达到顶峰，不但制度、文化改了，连语言姓氏也都汉化了。北周更是根据《周礼》来设计制度。这主要体现在以下几个方面：

一是沿用魏晋以来的律历、礼制、乐制、刑法等，同时革除传统的一些习俗。少数民族的有些习俗如"父死，妻其后母；兄弟死，皆娶其妻妻之"①，与儒家的孝悌伦理冲突。石勒禁止报嫂、在丧婚娶，拓跋氏建立政权后，也废除了这些习俗。赫连勃勃尽管改掉了刘姓，但却"大兴宗法之制"。刘聪要娶太

---

① 《史记·匈奴列传》。

保刘殷的女儿为妻，但面临同姓不婚的障碍，还要找太傅刘景等给他找个台阶，"太保自云周刘康公之后，与圣氏本源既殊，纳之为允"。姚兴重孝道，"兴母虺氏死，兴哀毁过礼，不亲庶政"。北魏早年实行"子贵母死"，后来也因为与孝道冲突而废除。当然，少数民族在采用汉文化礼仪的同时，还保留了许多自己的传统，将它们融入到体系里面来。如石勒允许匈奴人保留火葬的习惯。此外，在祭祀及音乐方面传统的东西则更多。魏晋南北朝时期，北方虽然战乱频仍，各种制度毁坏严重，但少数民族政权对一些汉魏旧制的保存反倒更完整，甚至连南朝都要借助于他们。淝水之战后，"谢石等归建康，得秦乐工，能习旧声，于是宗庙始备金石之乐"①。529年，梁武帝的侍中陈庆之到洛阳，回去后感叹："自晋宋以来，号洛阳为荒土，此中谓长江以北，尽是夷狄，昨至洛阳，始知衣冠士族，并在中原。礼仪富盛，人物殷阜，目所不识，口不能传。""庆之因此羽仪服式悉如魏法。"②《南齐书·舆服志》则记载了车辇制度在北方的承袭及其南传的情况："太兴中，太子临学，无高盖车，元帝诏乘安车。元、明时，属车唯九乘。永和中，石虎死后，旧工人奔叛归国，稍造车舆。太元中，苻坚败后，又得伪车辇，于是属车增为十二乘。义熙中，宋武平关、洛，得姚兴伪车辇。宋大明改修辇辂，妙尽时华，始备伪氏，复设充庭

①　《资治通鉴》卷 105。

②　（北魏）杨衒之撰，杨勇校笺：《洛阳伽蓝记校笺》卷二，景宁寺条，中华书局 2018 年版。

之制。永明中，更增藻饰，盛于前矣。"

二是继承两晋崇儒重孝的传统，设学立官，隆儒重学，把儒家思想作为治国理政的指导思想。这方面突出的代表早期是前赵、后赵、前秦及后秦君主，后期则是北魏孝文帝。刘曜"立太学于长乐宫东，小学于未央宫西，简百姓年二十五以下十三以上，神志可教者千五百人，选朝贤宿儒明经笃学以教之"。石勒"立太学，简明经善书吏为文学掾，选将佐子弟三百人教之"，设儒官，"勒增置宣文、宣教、崇儒、崇训十余小学于襄国四门"。他又"设经学祭酒、律学祭酒、史学祭酒"，还"亲临大小学，考诸生经义"，"始立秀、孝试经之制，命郡国立学官，每郡置博士祭酒二人，弟子百五十人，三考修成，显升台府。于是擢拜太学生五人为佐著作郎，录述时事"。石虎下令"诸郡国立五经博士，还遣国子博士诣洛阳写石经，校中经于秘书。国子祭酒聂熊注《穀梁春秋》，列于学官"。苻坚"广修学官，召郡国学生通一经以上充之，公卿已下子孙并遣受业。……自是每月一临太学……禁《老》、《庄》、图谶之学。中外四禁、二卫、四军长上将士，皆令修学。课后宫，置典学，立内司，以授于掖庭，选阉人及女隶有聪识者署博士以授经"。南凉秃发利鹿孤"以田玄冲、赵诞为博士祭酒，以教胄子"。北魏在曲阜封崇圣侯，多次祭祀孔子。这个时期儒学的发展情况也颇能说明这一点。姚兴时期，"天水姜龛、东平淳于岐、冯翊郭高等皆耆儒硕德，经明行修，各门徒数百，教授长安，诸生自远而至者万数千人。兴每于听政之暇，引龛等于东堂，讲论道艺，错综名理。……于是学者咸劝，儒风盛焉"。"京兆韦高慕阮籍之为人，居母丧，弹琴饮酒"，遭到姚兴的给事黄门侍郎古成诜持剑追赶，欲杀之"以崇风教"。魏晋南北朝时期，北方的经学保留了更多的传统特色，胜于南方。不仅如此，玄学在北方不受重视，甚至受到批判和压制。经学在南方虽然也始终存在，但没有像玄学和佛学那么盛行。

三是继承魏晋编史传统，普遍重视历史的作用，把修史作为确立合法性的重要手段。少数民族君主大都有很深的历史修养，深知历史的重要性，自觉认同汉族的历史和史学传统。赫连勃勃诛杀京兆隐士韦祖思就是害怕"吾死之后，汝辈弄笔，当置吾何地！"他们立国后，都把编写国史作为重要的工作，因此十六国中除了大夏、西凉、西秦没有留存下来外，大都有国史遗世，据统计有 26 种。石勒还设立了史学祭酒。① 到 5 世纪初，北魏的给事黄门侍郎崔鸿（478—525）根据这些材料撰成《十六国春秋》一百卷。北朝沿袭了汉魏的史官制度，还开创了设馆修史的先河，为后来的历史编纂奠定了基础。拓跋珪建国后，即令邓渊编纂国史《代记》，后来拓跋焘又令崔浩、高允等编纂国史，还引发了崔浩的国史案。②459 年，文成帝拓跋濬（440—465 年在位）命令高允修国记。487 年，孝文帝

---

① （唐）刘知畿撰，（清）浦起龙通释，王煦华整理：《史通通释》外篇第十二卷·十六国史，上海古籍出版社 2009 年版。

② 关于北魏国史等编纂等情况，参见田余庆：《拓跋史探》（修订本），读书·生活·新知三联书店 2019 年版，第 202—231 页。

拓跋宏（471—499 年在位）又命令秘书丞李彪和著作郎崔光用纪传体撰写北魏的历史。北齐建立之际，高欢就令魏收编纂北魏历史。南朝各政权也同样重视编史活动。隋朝建立后，由魏澹、颜之推等重新撰写《魏书》，王劭撰《齐志》及 80 卷隋史，牛弘撰《周记》。编史活动到唐太宗贞观初年达到顶峰，官方组织编写了《晋书》《周书》《北齐书》《梁书》《陈书》《隋书》。这个时期的史学之所以繁荣，很重要的原因就是为了阐明朝代更替必然性，为自己的政权寻求合法依据。各国在自己编纂的历史中，都以正统自居，设法纳入到嬗代更替的五德体系中。《魏书·帝纪第一·序纪》里面开宗明义，就是确立北魏的合法性："黄帝之后，以土德王。"后来又采纳李彪的建议，改为水德以承晋之金德，强调自己与晋的承继关系。在合法性的构造中，无论汉族还是少数民族的历史，都不是孤立的、彼此无关的，而是整体的组成部分，先后相继，密切关联。

二、基督教文化取代古典文化

西方的情况与中国不同。在这个时期，罗马人和蛮族并没有像中国的汉人和胡人那样共同推动帝国的传统文化。罗马人对自己传统文化的兴趣逐渐消失，最终把它抛弃了；入居帝国的蛮族自身文化水平普遍很低，始终对罗马的传统文化兴趣不大，甚至敌视。他们共同转向了基督教文化。

罗马传统文化的特点是多神信仰，体现在日常生活的信仰仪式及文学、艺术及思想等领域。罗马人以希腊人为师，全面接受希腊文化，上层贵族以用希腊文写作为荣。随着罗马的扩张，又不断有新的文化纳入。罗马虽然建立了庞大的帝国，把各地的神像集中在罗马城的万神殿里，也形成了以罗马为主导的文化格局，但是多语言、多元文化并存的局面没有改变。帝国东部多说希腊语，文化底蕴深厚，思辨传统发达。西部则以拉丁文为主导，以文学和法律见长。希腊人重视美育，强调音乐和体育对人的作用；罗马人则更务实，教育以文法和修辞为核心，以培养律师和政治家为主，也曾数次驱逐哲学家。帝国初期，罗马文化盛极一时，其制度、法律、语言乃至生活习俗等也在境内不断推广，甚至被一些近现代学者称为"罗马化"。但是，随着帝国危机的到来和基督教的不断发展，帝国在文化领域的危机也逐渐浮现。文学艺术领域的盛景不再，传统信仰动摇，越来越多的人抛弃传统。3 世纪初著名的拉丁教父德尔图良就曾质问："雅典与耶路撒冷有何相干？" 4 世纪的圣巴西尔则有《就正确使用希腊文学告青年书》，告诫青年虽然传统文学对人的灵魂不无益处，但要防止其败坏人。圣奥古斯丁也明确提出，修辞等不能作为目的，只能是服务信仰的手段。在这个过程中，哲学领域的变化最明显，非基督教哲学受到批判乃至取缔。524 年，著名哲学家波埃修被东哥特国王狄奥多里克以谋反的罪名处死。此后，古典哲学谢幕。529 年，查士丁尼一世下令关闭雅典学苑。罗马主教格雷戈里一世在位期间，把异教文献排除在图书收藏之列。在这个趋势下，古典教育衰落并逐渐被废止，代之而起的则是基督教文化和教育。传统的文法和修辞学校为教会学校和修道院学校取代，教士成为教师，教学内容也逐渐以宗教为主，以培养职业教士为己任。所有与《圣经》及基督教教义不符的教育内容一概被抛弃，只保留那些有益《圣经》研究的部分。虽然古典教育在查士丁尼西征后一度有所恢复，但到7—8世纪，古典教育基本消失。罗马人彻底转向了基督教文化。[①]

入居帝国境内的蛮族虽然也有接受古典教育的，但整体上文化水平普遍比较低，且大多没有自己的文字。哥特人直到4世纪才由传教士乌尔菲拉仿照拉丁文创制了文字，但从仅存的残篇来看，其使用范围不广，也没有流传下来。蛮族进入罗马帝国后，也放弃了传统的信仰，纷纷皈依基督教。后西罗马帝国时代蛮族君主大都不识字，他们对古典文化兴趣普遍缺乏，甚至排斥古典教育。东哥特国王狄奥多里克算是这些人中文化水平最高的，让自己的孩子接受古典文化教育。他的女儿也非常注重对儿子的教育，但是遭到了哥特贵族的反对，被迫继续哥特人的传统。[②] 蛮族君主们钟情的是日耳曼人传统的尚武军事教育，他们对基督教的教育更感兴趣，不遗余力地扶持推广基督教。加洛林国王查理曼虽然很重视教育文化事业，但本人的文化水平也很有限。

---

① Pierre Riché, *Education and Culture in the Barbarian West, from the Sixth through the Eighth Century*, John J. Contreni (tran.), University of South Carolina Press, Columbia, 1976, pp.52–99.

② Procopius, *History of the Wars*, William Heinemann, London, 1919, Vol. III, V. ii. 6–19.

随着罗马人和蛮族转向基督教，传统的异教文化逐渐被压制，基督教神学取代了传统的哲学，文学艺术等也以基督教为主题。同样的变化发生在史学领域。古典史学日渐萎缩，4 世纪的马塞里努斯后，拉丁史学就已经大不如前，6 世纪的普洛柯比乌斯则是希腊史学的最后代表。教会史逐渐成为历史写作的主流，教士逐渐成为历史写作的主体，歌颂基督教的圣徒传大量出现，基督教的体系也纳入到传统的编年史，成为纪年的标准。即便传统意义上的世俗史，基督教的内容也占据很重要的分量。就连历史的观念也变成基督教的，历史成为展示神意的注脚。此外，蛮族则逐渐成为历史书写的主角，区域化特征明显。

第二节　文化观念

中西文化观念也与各自信仰的特点及民族融合有着内在关联。

一、多元信仰与儒释道三教融合

中国自汉代以后形成以儒家思想为主导的多元化信仰格局，其特点是兼收并蓄，兼容并包。春秋战国时期的百家争鸣奠定了中国后世思想领域的基础，各派主张有所不同，但也有共同之处。司马谈评论道："《易大传》：'天下一致而百虑，同归而殊涂。'夫阴阳、儒、墨、名、法、道德，此务为治者也，直所从言之异路，有省不省耳。"①这是很能体现中国传统观念特点的高论。作为殊途同归的政治理论，这些流派虽然都有自己的拥趸，但始终停留在学术层面，并没有上升到严格意义上的宗教。汉初用黄老，至汉武帝"罢黜百家，表章六经"，儒家最终在竞争中脱颖而出，成为国家的意识形态。作为帝国治国理政的工具，儒家的理念具体化为一套烦琐的礼法体系，其中既有制度，也包含观念。儒家之所以被君王青睐，是因为它讲君臣父子之道，这在中国被认为可以最有效地维护统治。儒家虽然被定为独尊，在国家层面也形成了与之相符的一套礼仪，但并没有成为宗教，没有消灭其他思想或信仰。诸子的学说仍然存在，还在发展，道家学说在魏晋南北朝时期还迎来了繁荣期。与此同时，社会层面的各种多神崇拜也在并行发展，少数民族政权建立后，其传统多神信仰也继续存在。当然，国家也打击取缔各种所谓的"淫祀"。6世纪初，祆教传入中国（又称天神、火天神、火神天神等）。到隋唐时期，儒释道三教合一的趋势更加明显。佛教充分与中国本土文化相结合，形成天台宗、三论宗、慈恩宗、华严（贤首）宗、律宗、密宗、禅宗等宗派。与此同时，景教、摩尼教等宗教也先后通过西域传入中国，在内地流传。中国的多元信仰体系进一步丰富。

虽然新的宗教不断出现，但各信仰体系之间并没有出现不可调和的矛盾，这一点在儒释道的关系中体现得最明显。佛教

---

① 《史记·太史公自序》。

150

和道教的教义自然不同，佛道儒之间也存在争论甚至冲突，但整体而言，三家之间并非绝对的排斥关系。佛教以个体的涅槃成佛为追求，在本质上是无神的，但它并不排斥各种神，来到中国后甚至有神化了。道教追求长生仙化，它的神系儒家既不陌生，也不排斥。儒家虽然"敬鬼神而远之"，但其祭祀体系中的祖先、社稷、山川等也是以神灵存在为前提的（祭神如神在）。在承认多神这一点上，它们是没有分歧的。各家的追求虽然不一样，但"均善"，是殊途同归的。各家争论的焦点不是真理与谬误或者善与恶，而是兴善之道以及由此产生的先后问题。这可以从魏晋隋唐时期儒释道三家之间几次大的辩论加以说明。

魏晋隋唐时期，影响较大的辩论在北方主要有 3 次，在南方主要有 4 次。北方第一次争论发生在北魏孝明帝（515—528年在位）正光元年（520），由清通观道士姜斌与融觉寺僧人昙谟最对论佛与老子先后，姜斌落败，以"惑众"获刑，"配徙马邑"[1]。第二次是在北周武帝宇文邕（560—578 年在位）统治时期。从天和四年（569）开始，"敕召有德众僧、名儒道士、文武百官两千余人，帝御正殿量述三教"[2]。这场大规模的辩论一直持续到建德二年（573），最后"以儒教为先，道教为次，

---

[1]　《广弘明集》卷一。本书所引《广弘明集》用四库全书本；《弘明集》用李小荣校笺《弘明集校笺》，上海古籍出版社 2013 年版。

[2]　《广弘明集》卷八。

佛教为后"①而告终。其中司隶大夫甄鸾撰写《笑道论》，道安法师写了《二教论》，都批判道教。第三次在唐高祖时期。唐高祖李渊继承隋朝的政策，大力扶持佛教。由于僧尼有不纳赋税、不服兵役等特权，寺院又拥有大量的土地和佃户，影响了国家的经济和财政。621 年，太史令傅奕（555—639）作《请废佛法表》，抨击佛教。624 年，他又"上疏请除释教"，指责"佛在西域，言妖路远，汉译胡书，恣其假托。故使不忠不孝，削发而揖君亲；游手游食，易服以逃租赋。演其妖书，述其邪法，伪启三途，谬张六道，恐吓愚夫，诈欺庸品。凡百黎庶，通识者稀，不察根源，信其矫诈。乃追既往之罪，虚规将来之福。布施一钱，希万倍之报；持斋一日，冀百日之粮。遂使愚迷，妄求功德，不惮科禁，轻犯宪章。其有造作恶逆，身坠刑网，方乃狱中礼佛，口诵佛经，昼夜忘疲，规免其罪"②。傅奕为了反对佛教，先后上十一疏，还汇集魏晋以来反佛的文章为《高识传》十卷。唐高祖让群臣辩论。中书令萧瑀等与傅奕辩论，高僧法琳著《破邪集》予以反驳。经过辩论，唐高祖确定了"老先、次孔、末释"的顺序，甚至下诏沙汰僧尼，整顿秩序。傅奕认为"老、庄玄一之篇，周、孔《六经》之说，是为名教"，应该学习，佛教"模写庄、老玄言，文饰妖幻之教耳。于百姓无补，于国家有害"③；"欲求忠臣孝子，佐世治民，惟

① 《周书·武帝纪上》。
② 《旧唐书·傅奕传》。
③ 《旧唐书·傅奕传》。

《孝经》一卷，《老子》二篇，不须广读佛经"。①

与北方相比，南方的辩论发生更早，涉及的范围也更广，并多与玄学的讨论相关联。第一次讨论发生在东晋，主要围绕沙门不敬王者问题。东晋庾冰（296—344）辅政时提出沙门应该致敬王者，但遭到何充的反对。桓玄（369—404）专政时期，他再次提出致敬问题，遭到慧远（334—416）等反对，最后以不致敬告终。第二次是关于黑白论的辩论。宋文帝时，有黑衣宰相之称的慧琳著《黑白论》（433），提出儒道与佛均善说，引发何承天、颜延之、惠远弟子宗炳（375—443）等争论。第三次讨论围绕夷夏论问题。南齐道士顾欢（420—483）著《夷夏论》，引发竟陵王萧子良组织道佛大辩论。第四次辩论的主题是神灭论。齐梁之际，范缜（约450—515）提出神灭论，并著《神灭论》一书，反对因果报应，主张形神为一，形毁神灭。齐竟陵王萧子良曾经组织人马与之辩论，但不能屈。天监初年，梁武帝又亲自组织人马对他进行大批判。

大致说来，中国士人对儒道佛的关系有以下几种看法。第一种观点认为，儒佛道是一回事，即顾欢所谓"周孔即佛，佛即周孔。佛则道也，道则佛也。泥洹仙化，各是一术。佛号正真，道称正一。一归无死，真会无生。在名则反，在实则合"②。第二种观点认为，佛法先于或高于儒、道，佛流东土，周、孔、老子为佛弟子。第三种观点则认为，儒、道先

---

① 傅奕：《请废佛法表》，《全唐文》卷133。

② 《南齐书·高逸传》。

于或高于佛法，老子西入关化胡而佛生。第四种观点则强调，佛、道、儒乃殊途同归，各有侧重，只是所涉范围不同。袁粲（420—477）说："孔、老、释迦，其人或同，观方设教，其道必异。孔、老治世为本，释氏出世为宗。"① 谢镇之《重书与顾道士》则说："余以三才均统，人理是一，俗训小殊，法教大同。"② 刘勰（约 465—521）《灭惑论》认为："经典由权，故孔、释教殊而道契；解同由妙，故梵汉语隔而化通。但感有精尘，故教分道俗；地有东西，故国限内外。其弥纶神化，陶铸群生，无异也。"③ 张融《门律》云："道之与佛，逗极无二，寂然不动，至本则同。"④ 无论赞同还是反对佛教者，大都不否认佛教自身，而是承认其善的因素，也强调同的一面。顾欢认为："佛是破恶之方，道是兴善之术。"⑤ 宗炳《明佛论》认为："是以孔、老、如来，虽三训殊路，而习善共辙也。"⑥ 争论的重点在实现的途径、在先后、在本末。佛道为了争先后相互伪造经典，这又说明双方是相互承认的，道教和玄学则往往视佛教为知音。正统儒家知识分子的非佛则往往是立足夷夏，强调其戒律与中国传统伦理的不同而已。

在这种观念下，儒道佛有相通之处，可以兼容而无碍。这

① 《南齐书·高逸传》。
② 《弘明集》卷六。
③ 《弘明集》卷八。
④ 《弘明集》卷六。
⑤ 《南齐书·高逸传》。
⑥ 《弘明集》卷二。

个时期的知识分子即使奉佛，也都是从接受儒家教育开始，同时研习老庄，然后转向佛教。即便转向佛教，也并非废弃儒道，而是同时并重。而名僧大德都具有深厚的儒家修养，既能谈玄又能说佛。张融（444—497）去世时，"左手执《孝经》《老子》，右手执小品《法华经》"[1]。《牟子理惑论》的作者自述以儒家诸子起家，熟读兵书、神仙诸书，后"锐志于佛道，兼研老子五千文，含玄妙为酒浆，玩五经为琴簧"；又说："佛经所说，上下周极，含血之类，物皆属佛焉。是以吾复尊而学之，何为当舍尧舜周孔之道？金玉不相伤，随碧不相妨。"[2]虽然学术界对该文的作者及写成时间争论很大，但作为中国第一篇佛教专论的文献，其融三教而自如的理念应该很准确地反映了历史的真实风貌。也可以说，从佛教一开始进入中国，融合就是主基调。当然，外来佛教也在与中国的环境相适应。佛教虽然主张出世，不致敬王者，但也在积极与儒家的伦理融合调适，讲求孝道即是一例。《正诬论》有云："佛与周孔，但共明忠孝顺信，从之者吉，背之者凶。"[3]佛教的不致敬王者也不是绝对的。北魏初期的僧人法果曾任官方主持佛教僧务的道人统一职，把拓跋珪视为"当今如来"，认为"沙门亦应尽礼，随常致拜"，其理由则是"能弘道者人主也，我非拜天子，乃是

---

① 《南齐书·张融传》。

② 《弘明集》卷一。

③ 《弘明集》卷一。

礼佛也"①。这种理念在南朝也是存在的。

儒释道虽然因均善而得以融合，但属"和而不同"，三家的界限也是分明的。就在社会中的地位及扮演的角色来看，三家也是各有侧重的，且成互补之势。儒家思想虽然受到冲击和挑战，但在政治中的主导地位并没有动摇，仍是治国齐家的首选，也没有发展成为宗教。佛教和道教的先后之争也多是在承认儒家正统地位这个前提的基础上展开的，它们除自觉维护统治者及其合法性外，更多的是在社会和个人心灵层面发挥作用，弥补了儒家的不足。这种儒主而佛道辅的格局在魏晋隋唐时期是普遍现象，并无南北或胡汉分别。唐朝虽然把道教排在儒家前面，但主要是出于姓氏附会，把李家与老子（李聃）联系起来，治国理政用的还是儒家，儒家也得到唐初君主的大力扶持。

魏晋南北朝时期，儒家思想面临危机和挑战。作为一种理论体系，儒家追求内圣外王，以修齐治平为己任。理论上，它兼顾内外，既重视个人内在君子品格的养成，又注重个人对群体的道义和责任。达成这些目标的关键在于"礼"。"夫礼，天之经也，地之义也，民之行也"（《左传·昭公二十五年》）；"礼，履也。所以事神致福也"（《说文》）；君子要"非礼勿视，非礼勿听，非礼勿言，非礼勿动"（《论语·颜渊》），只有这样才能为仁。但是，礼作为一套规范人与人之关系的伦理体系，

---

① 《魏书·释老志》。

它更注重外在的行为，而对个人的内心世界关注不够。这个不足在实践中逐渐显露。汉代自武帝以后儒家独尊，强调以孝治天下，东汉尤甚。察举制以乡闾清议为基础，后者对人物的品行进行评定，作为举孝廉秀才的依据，其标准就是儒家的礼法体系。这导致世人重品行，却往往有名无实。到汉末，这种体制已经弊端丛生，以至于出现"举秀才，不知书。察孝廉，父别居。寒素清白浊如泥，高第良将怯如鸡"的局面。曹操用"唯才是举"以匡其弊，但司马晋政权再次回归重孝，并没有从根本上改变局面。

在这种情况下，对儒家思想之弊的反动开始出现。其表现大致有二：一方面，皈依新的宗教，寻求新的寄托。佛教和道教得到迅速发展，是与这个因素有很大关联的。佛教在这个时期逐渐为中国人尤其是社会上层所关注，到魏晋时期扩展到社会各界，南北朝时期甚至到了泛滥的地步。另一方面，对儒家思想进行批判改造。依托道家思想的玄学出现并逐渐盛行，成为晋朝及南朝思想领域的主流，就是最好的证明。玄学、道教和佛教虽然各有不同，或逍遥而无为，或仙化求无死，或涅槃趋无生，但都不约而同地把目光投向内在的精神世界，以抚慰人的心灵为要务，向儒家思想发起挑战。

儒家思想虽然遭到挑战，但其主导地位没有丧失。一方面，儒家思想也在调整和发展。唐长孺指出，玄学并非空谈，而是一种政治理论，"乃是对东汉政治理论的继承与批判"，可以分为正统和在野两派。[①] 玄学源于清谈，其核心都是评定品行。玄学中的"才性论"实际就是清议在政治领域变化的体现。这个时期的各家辩论仍然集中在政治理论范畴。名理学杂合儒道名法，儒家正名，法家循名核实，名家则讲究刑名之辩，经此而到道家无为。何晏（约190—249）倡玄，遭到重名教的司马氏政权反对，阮籍（210—263）、嵇康（224—263）之徒受到斥责，道家自然由此兴起，与名教抗衡。玄学家反名教，但并非完全抛弃名教。他们更多的是反对名教的名实分离、名实不副，蔑视礼法的繁文缛节。他们重实鄙名，追求真实自然，"越名教而任自然……越名任心"[②]，更近人的食色本性。对于儒家的孝道与臣道等，更是不反对，也不可能反对，他们大都是统治阶层内的成员。这可以从居丧的"死孝"和"生孝"对比评论中看出来："和峤虽备礼，神气不损；王戎虽不备礼，而哀毁骨立。"[③] 阮籍母死尚与人弈棋，居丧饮酒，裴楷来吊丧也箕踞不哭，但他性至孝，与母临决，"吐血数升，毁瘠骨立，殆致灭性"[④]。无论是代表正统的何晏、王弼（226—249），还是在野的嵇康、阮籍等，都在试图解决理论与现实的矛盾，为自

---

① 参见唐长孺：《魏晋南北朝史论丛》，商务印书馆2017年版，第284—344页。唐长孺将玄学分为正统和在野两派，是从价值观念导向角度而言，与是否在政府任职无关。从正统角度而言，在野派就是异端。魏晋时期，正统虽然名义上仍存，但长期流行的却是在野派。

② 《晋书·嵇康传》。

③ （南朝宋）刘义庆撰，余嘉锡笺疏：《世说新语笺疏》德行篇，中华书局2015年版。

④ 《晋书·阮籍传》。

己的行为寻求合法性。如何晏将名教复本于自然；王弼则将名教与自然统一起来，提出自然为本，名教为末；向秀认为名教本于自然，儒道为一。就连"崇有"的裴頠，也是综合儒道。士人多玄礼双修，即是将自然与名教合为一体。从这个角度来说，玄学是强化而非削弱了儒家伦理的基础，君主专制的两个基石——孝道和臣道也仍旧稳固。玄学家们只是希望在这个空间里搭建一个小屋，而不是另起炉灶开辟新的空间。

另一方面，道教和佛教虽然被社会各阶层所接受，并与君主关系密切，但是始终被赋以辅助性的角色，用高僧慧远的话说就是："所以重资生，助王化于治道也。"① 在知识阶层中间，佛教是一种信仰，但更是一种修身养性的学术。佛教传入中国，从一开始就与王室关系密切，是靠上层路线起家的。魏晋南北朝时期，佛教更是得到统治阶级的扶持，许多高僧大德成为皇帝的座上宾，出入宫闱，参与机要。很多皇帝信奉佛教，北魏孝文帝曾亲自操刀剃度。南朝的梁武帝萧衍更是到了痴迷的地步，不但亲自主持讲经说法，而且四次出家舍身，对佛教的扶持可谓不遗余力。北方的石赵的佛图澄、苻秦的道安、姚秦的鸠摩罗什等也都是著名的例子。君主们对于佛教，除了受福祸迷信观念的影响外，还从学问的角度进行探讨，往往亲自主持讲经说法，姚兴亲自翻译佛经，还撰文与鸠摩罗什、姚嵩等讨论佛理。这些君主虽然痴迷佛教，也借助佛教强化统

---

① 《弘明集》卷五。

治，但始终没有用佛教取代其他宗教，很少用法律手段打压非佛或反佛者，即便治罪，罪名也不是因为信仰，而多是惑众之类的。南朝几次围绕佛教的争论几乎都有上层的参与，争论异常激烈，但也都仅限于学术讨论层面，没有出现武力冲突的局面。梁武帝曾亲自组织力量讨伐范缜的《神灭论》，给他扣上"背经以起义，乖理以致谈，灭圣难以圣责，乖理难以理诘"①的帽子，也得到了六十多位大臣的背书。范缜没有屈服，梁武帝也没有使用武力，而是下令停止争论。

当然，也有武力冲突的情况，主要发生在北方。第一次是北魏道武帝灭佛（446—451），"诸有佛图形像及胡经，尽皆击破焚烧，沙门无少长悉坑之"②。第二次是北周武帝禁佛(574—578)，"初断佛、道二教，经像悉毁，罢沙门、道士，并令还民。并禁诸淫祀，礼典所不载者，尽除之"③。第三次发生在唐武宗（840—846年在位）时期，会昌五年（845）八月，"大毁佛寺，复僧尼为民"④，"其天下所拆寺四千六百余所，还俗僧尼二十六万五百人，收充两税户，拆招提、兰若四万余所，收膏腴上田数千万顷，收奴婢为两税户十五万人"⑤。这三次禁断自然有宗教因素在内：北魏道武帝灭佛与道士寇谦之及其弟子崔浩的蛊惑有关；周武帝灭佛则是起于道士张宾及曾经的僧人

① 《弘明集》卷九。
② 《魏书·释老志》。
③ 《周书·武帝纪上》。
④ 《新唐书·武宗本纪》。
⑤ 《旧唐书·武宗本纪》。

卫元嵩的诋毁，也有尊儒的因素，所以佛道一起被禁；唐武宗灭佛则是主要受道士赵归真的蛊惑，受牵连的还有西域来的景教、祆教、摩尼教等。不过，整体说来，还是因为佛教过度膨胀及腐败带来的政治和经济等潜在威胁。且三次时间都比较短，并非主流。尊儒和奉佛道并不矛盾，因为它们发挥作用的领域不同。即便北魏和唐朝把道教定为国教，并大力扶植，李唐甚至把老子奉为"太上玄元皇帝"，也都同样用儒家治国。对君主而言，"明心见性，佛教为深；修身治国，儒道为切"；"儒者可尚，以能维持三纲五常之道也"。[1] 此语虽出自近千年后的元仁宗之口，但这一原则在魏晋至隋唐时期就已经广泛付诸实践了。

二、多神信仰到一神信仰的转变

罗马认同的转型是其信仰由多神转向一神崇拜的必然。

罗马人传统上是多神信仰。这个体系以家庭和城市（邦）为主要单位，形成复杂的崇拜祭祀体系，几乎渗透到公私生活的方方面面。[2] 家内崇拜以拉神（lare）为主，城市则有共同的神，在罗马则是从希腊奥林匹亚移植过来的以朱庇特为首的神系。罗马人认为他们的昌盛是神保佑的结果，因此非常虔敬。随着罗马的扩张，罗马城的信仰也逐渐散布到各地，升级

---

[1] 《元史·本纪·仁宗三》。

[2] 参见［法］库朗热：《古代城邦：古希腊罗马祭祀、权利和政制研究》导言及一至三卷，谭立铸等译，华东师范大学出版社 2006 年版。

为帝国性的崇拜。罗马人虽然对自己的神青睐有加，但并不否定其他族群的信仰和神祇，也没有予以消灭，在扩张的过程中也将它们纳入到自己的信仰体系中。罗马皇帝在罗马城建了容纳各民族神祇的万神殿，也在各地为这些异族的神建立神庙。不仅如此，罗马人也信仰异族的神祇，如埃及的伊西斯、波斯的密特拉等。帝国时期，皇帝也被作为神来崇拜。基督教就是在这样的环境中逐渐发展起来的。

与古代世界的多神信仰体系不同的是，基督教及其赖以发生的母体犹太教是一神教，只承认创造天地万物的主宰耶和华为唯一真神，而将其他所有神祇视为假神和偶像，而反对偶像崇拜则是其基本教义。这就在理论上导致它与其他信仰或思想流派的冲突，无法兼容。殉教者查士丁曾先后践行过斯多葛派、逍遥派、毕达哥拉斯派、柏拉图派等流派的理论，最终认为只有基督教才是最好的哲学，断绝了与它们的关系，因为它们都承认多神。奥古斯丁皈依基督教后，也彻底否定了曾经信仰的摩尼教。

在基督教的实际发展中，也确实发生了与其他信仰的冲突。罗马人并不反对基督教，但要求所有的臣民敬拜皇帝，否则就要受到惩罚。在基督徒看来，这是拜偶像的行为。不仅如此，他们认为，基督教是唯一的真理，是真善美的化身，其他的信仰则是谬误，偶像崇拜是邪恶，理应消灭。在基督教的世界观里，真理和谬误是不相容的，基督教自然不能容忍其他信仰，这在实践层面就表现为非此即彼的冲突。基督教合法化前，这种冲突仅仅表现为理论上的论战，攻击犹太教和其他异教信仰；基督教成为特权宗教尤其是国教后，论战就升级为它对异己的武力压制。对外，它要消灭异教，对内，则要消灭异端，因为他们都是谬误。不但要消灭异教，还要清除植根于异教的文化及其各种衍生品，尤其是那些以多神为基础的哲学流派。狄奥多西一世上台前后，这个趋势进一步加快：各种异教节日和祭祀活动被取消，神庙被关闭，神像被捣毁，胜利女神祭坛被从元老院清除，维斯塔神庙圣火熄灭，圣女被遣散，各种祭祀集团解散，皇帝也放弃了大祭司的称号，就连奥林匹克运动会也停止了，犹太教、摩尼教等被禁止。392年，狄奥多西正式颁布法令，禁止除罗马公教外的所有公私崇拜，违者处死。① 从基督教内部来看，冲突也异常激烈。基督教是犹太教的异端，自出现伊始，就伴随着不同的派系纷争。从2世纪中期开始，内部就因教义等问题产生分歧，形成教会史上所谓正统与异端的斗争。各方都以真理的捍卫者自居，而将对立面斥为谬误的化身。斗争的胜利者被称为正统，失败者则成为异端，被逐出教会，甚至被武力消灭，最终只有罗马公教一派成为唯一的正统。西哥特塞维利亚大主教伊西多尔（560—636）罗列的基督教的大小异端先后就有近70个。② 蛮族皈依基督教后，也加入到斗争中。除法兰克人外，蛮族大都信奉被罗马

① *The Theodosian Code*, 16. 10. 12.《狄奥多西法典》的第十六卷第十章汇集了针对异教的法令，第五章为对异端的规定。

② *The Etymologies of Isidore of Seville*, Viii. v.

公教定为异端的阿里乌派，他们武力打击罗马公教派，没收教会财产，打击、镇压教会神职人员。这种现象在汪达尔王国尤甚。

罗马人为何抛弃传统信仰接受基督教，这是一个众说纷纭而至今没有定论的问题。笔者认为，从罗马传统信仰和基督教的特点上来看，这种化敌为友的转变又是可以理解的。

罗马人非常重视对神的信仰，把正确的宗教信仰作为罗马繁荣昌盛的保障。在古代罗马，信仰崇拜并非独立的活动，而是城邦政治的核心组成部分。罗马有庞大的祭祀队伍，他们同时是政府的官吏，元老阶层则把持着几大重要的祭司院。到帝国时期，元首同时兼任大祭司。宗教信仰还始终是法律的重要组成部分，从努玛改革开始就有宗教立法，在十二铜表法中也占相当比重。到共和国末期，西塞罗在《论法律》的第二卷中也仍然秉承这个传统，在法律的框架内阐述宗教及宗教组织等。罗马的日历（fasti）最初就是祭祀活动的副产品，把所有的日子分成神日、非神日，传统上每年有 40 个左右的固定宗教节日，每个节日的时间由半日到数日不等。这些活动都由官方设立的专门机构组织公民参加，属公民政治的范畴。罗马人的信仰侧重公共仪式和集体的日常参与，以祈求家庭和城邦平安强盛为主，对个人精神世界的关注相对较少。这个不足恰恰被基督教弥补了。基督教以关注个人的命运和救赎为中心，突破了族群和身份的界限，对所有人开放。在贫富分化差距加大、道德日渐衰落、传统信仰动摇的社会现实中，基督教无疑是更有吸引力的选择。它不断发展壮大的事实也表明，它能够取代传统信仰的确是有一定的必然性的。

基督教以其普世性满足了帝国内部形形色色个体的心灵需求，但本质上它又很难容忍其他信仰。在消灭了所有竞争对手成为国教后，信仰领域的公共空间与个人空间的分别又不复存在了，它实际上又同时担负起了传统信仰在国家层面的公共职能。虽然它强调与世俗政权的区别，但还是被纳入到权力体系中，是政治的组成部分。它与政府关系的历程可以说明这一点。基督教最初是社会下层的宗教，与罗马上层并没有关系，直到4世纪初，才开始与皇室发生联系。君士坦丁大帝在给予基督教会特权的同时，也明确指示教会承担政府的职责，要负责供养穷人。他还召集尼西亚公会议，参与决定教义，裁定惩罚阿里乌派异端。此后，皇帝更是参与甚至主导教会内部正统与异端的斗争，介入罗马主教选立等。这种传统在东部保持得尤为明显，教会也始终是拜占庭帝国政治的重要部门，皇帝则始终控制着君士坦丁堡大主教的任免。蛮族王国的国王也直接插手主教的任免。由于宗教信仰是政治的一部分，关乎国家的安危，也就不排除使用武力。教会的命运也就与皇帝个人的信仰取向休戚相关，罗马公教成为唯一的正统并得以晋升国教，就是狄奥多西一世直接扶持的结果。皇帝作为最高权威，当然有权发布法令，也可以采取各种手段打击异教和异端。帝国后期众多的相关法令就是很好的证明。对罗马的皇帝而言，从传统信仰转到新的信仰，只是形式上的变化，信仰所担负的保佑共同体的职能并没有变化。宗教虽然变了，但帝国对待宗教的态度和思路并没变。这种现象是同期的中国所没有的。

由于信仰等文化要素是民族精神层面的核心，中国的汉族和少数民族延续并丰富了传统信仰，使之成为中华民族稳定发展的一个基础。罗马世界的罗马人和蛮族放弃了各自的传统信仰，共同转向了基督教。但由于基督教是政治的重要组成部分，各派之间的矛盾冲突激烈，因而使得基督教成为一种分裂的力量，无法成为民族融合的纽带，民族融合的局面自然难以实现。

结　语

　　魏晋至隋唐时期，无论对中国还是西方来说，都是民族和文明发展的关键阶段。在中国，这是继春秋战国及秦汉之后历史发展的又一个周期，由统一而走向分裂，最后又回归统一。在西方的罗马世界，则是继共和国时代及帝国初期鼎盛后的另一个周期，也步入了动荡与分裂。双方都同样面临着内外危机，原有的文明也同样受到冲击。但是，由于中西在政治、民族及文化结构等方面的内在差异，历史的最终结局却大不相同。中国的历史和文明经受住了危机的考验，得以在连续中发展。边疆少数民族和佛教的进入给汉族文化带了冲击，但也首次检验并进一步实践了秦汉以来形成的统一的制度和观念，纠正了儒家原有的弊端，创立了新的机制，形成了新的民族和文化认同。经过魏晋南北朝时期的碰撞与融合，中国文明的基础更加雄厚，区域范围进一步扩大，文明的活力和稳定性也大大增加，为隋唐时期的大发展奠定了基础。唐代政治统一，民族高度融合，文化繁荣，首都长安则是国际化的大都市。没有这个基础，唐代的盛世是不可能实现的。西方却没能渡过危机，帝国的统一永远失去了，西部帝国崩溃了，古典文化也没能保住，文明的核心载体城市及市民生活都消失了（至少沉寂了几个世纪），西方的历史和文明的发展整体上断裂了。蛮族延续了帝国松散的统而不治的传统，基督教则给罗马传统文化毁灭性打击。经此阶段，西方历史和文明的运行系统更换了，开辟了一条新的发展道路。

当然，这个结论并不是要对中西历史和文明作优劣的判断。实际上，双方均有长短，各具特色，都是人类文明的成果。毕竟比较的目的在于明异同、在于不断深化认识，而非得出简单的高下的结论。

应该明确的是，说中华民族在融合中继续发展而罗马世界没有形成民族融合，说中国文明连续发展而西方文明中断，也并非否定中西内部族群之间的文化互鉴以及一些具体机制的承继。恰恰相反，双方内部的文化互鉴始终都是存在的。中国学术界有汉化与胡化的争论，也有关于隋唐继承南朝还是北朝的争论；西方学术界则集中在罗马化与日耳曼化（或蛮族化），以及罗马帝国中断、连续还是转型了等问题。这些都是非常宏大的学术问题，非有限的篇幅所能容纳。大致说来，可以简单总结如下。

第一，就物质文化层面而言，中西的特点大致相同，是双向的互化与互鉴。汉人在饮食起居乃至风俗等日常生活方面借鉴少数民族不少，少数民族同样也借鉴汉人。入居境内的蛮族

效仿罗马人的生活方式，流连于剧院、竞技场和浴室，以穿托
加为荣。罗马人也喜欢蛮族的皮衣等服饰（帝国后期甚至有
法令加以禁止），饮食也肉食化。建筑领域，则主要是少数民
族和蛮族分别采用了汉人和罗马人的传统。第二，在制度和观
念等方面，中西的差异则较大，在中国整体上是汉化，在西方
则并非如此。蛮族在社会、经济乃至官僚体制等方面罗马化明
显，甚至普遍继承了罗马具有重要象征意义的凯旋仪式（也是
连续中有变化)①，但却保留了传统的王权体制和法律。文化观
念上则既非罗马化，又没有保留传统，而是基督教化了。可以
说，中国虽然胡化现象突出，但在文明最核心的框架上仍然
保持了汉文化的主体；蛮族同样在罗马化，但程度有限，在文明
最核心的框架上并没有罗马化。因此，这个时期的胡化和罗马化
不足以改变双方文明的整体进程。在这个框架内，颜之推所谓的
南北差异就属于"带有中华文明特征的区域文化差异"②，是同
之异。无论淝水之战的结果怎样，无论隋唐继承的是南朝还是北
朝，也不会带来中国文明质的变化。同样，即便罗马的经济社会
制度有所延续，物质文化等方面发生了转型，也不能阻止其文
明的断裂。其实，无论连续说还是转型说都承认西方的古典文
明还是终结了，大家的分歧在于中断的具体时间及原因。

① Michael McCormick, *Eternal Victory: Triumphal rulership in late antiquity, Byzantium and the early medieval West*, Cambridge University Press, New York, 1986.

② Albert E. Dien, *Six Dynasties Civilization,* Yale University Press, New Haven, 2007, p.429.

参考文献

一、中文文献

（一）基本史料

点校版二十四史，中华书局。

（南朝宋）刘义庆撰，余嘉锡笺疏：《世说新语笺疏》，周祖谟等整理，中华书局 2015 年版。

（南朝梁）僧祐撰，李小荣校笺：《弘明集校笺》，上海古籍出版社 2013 年版。

（北魏）杨衒之撰，杨勇校笺：《洛阳伽蓝记校笺》，中华书局 2018 年版。

（唐）杜佑：《通典》，中华书局 1988 年版。

（唐）释道宣：《广弘明集》，四库全书本。

（唐）刘知畿撰，（清）浦起龙通释，王煦华整理：《史通通释》，上海古籍出版社 2009 年版。

（宋）司马光等撰，（元）胡三省音注：《资治通鉴》，中华书局 1956 年版。

（二）研究论著

陈寅恪：《隋唐制度渊源略论稿　唐代政治史述论稿》，商务印书馆 2011 年版。

程树德：《九朝律考》，商务印书馆 2010 年版。

[日] 川本芳昭：《中华的崩溃与扩大：魏晋南北朝》，余晓朝译，广西师范大学出版社 2014 年版。

[日] 川胜义雄：《六朝贵族制社会研究》，李济沧、徐谷芃译，上海古籍出版社 2018 年版。

崔明德、马晓丽：《隋唐民族关系思想史》，人民出版社 2010 年版。

[美] 帕特里克·格里：《中世纪早期的语言与权力》，刘林海译，中西书局 2019 年版。

[日] 谷川道雄：《隋唐帝国形成史论》，李济沧译，上海古籍出版社 2011 年版。

[日] 谷川道雄：《中国中世社会与共同体》（增订本），马彪译，上海古籍出版社 2013 年版。

[法] 库朗热：《古代城邦：古希腊罗马祭祀、权利和政制研究》，谭立铸等译，华东师范大学出版社 2006 年版。

李凭：《北魏平城时代》，上海古籍出版社 2014 年版。

梁作檊：《罗马帝国与汉晋帝国衰亡史》，广东高等教育出版社 1997 年版。

刘家和主编：《世界上古史》，吉林人民出版社 1980 年版。

刘家和、王敦书主编：《世界史·古代史编》（上）（吴于廑、齐世荣总主编6卷本《世界史》），高等教育出版社1994年版。

刘家和：《古代中国与世界——一个古史研究者的思考》，北京师范大学出版社2010年版。

刘家和：《史学经学与思想：在世界史背景下对于中国古代历史文化的思考》，北京师范大学出版社2005年版。

刘家和主编：《中西古代历史、史学与理论比较研究》，北京师范大学出版社2013年版。

刘家和：《史苑学步：史学与理论探研》，北京大学出版社2019年版。

李隆国：《"民族大迁徙"：一个术语的由来与发展》，《经济社会史评论》2016年第3期。

刘浦江：《正统与华夷：中国传统政治文化研究》，中华书局2017年版。

吕思勉：《两晋南北朝史》，上海古籍出版社2005年版。

吕思勉：《中国民族史》，江西教育出版社2018年版。

马克垚：《罗马和汉代奴隶制比较研究》，《历史研究》1981年第3期。

马克垚：《西欧封建经济形态研究》，中国大百科全书出版社2009年版。

马克垚：《"西欧奴隶制向封建制过渡"的再认识》，《经济社会史评论》2018年第3期。

[日]内藤湖南：《中国史学史》，马彪译，上海古籍出版社2017年版。

钱穆：《国史大纲》，商务印书馆 2010 年版。

［日］三崎良章：《五胡十六国：中国史上的民族大迁徙》，刘可维译，商务印书馆 2019 年版。

王钟翰主编：《中国民族史》，中国社会科学出版社 1994 年版。

汤用彤：《汉魏两晋南北朝佛教史》，中华书局 1983 年版。

唐长孺：《魏晋南北朝史论丛》，商务印书馆 2010 年版。

田余庆：《东晋门阀政治》，北京大学出版社 2012 年版。

田余庆：《拓跋史探》（修订本），生活·读书·新知三联书店 2019 年版。

［英］克里斯·威克姆：《罗马帝国的遗产：400—1000》，余乐译，中信出版社 2019 年版。

［英］彼得·希瑟：《罗马帝国的陨落：一部新的历史》，向俊译，中信出版社 2016 年版。

许倬云：《中西文明的对照》，浙江人民出版社 2013 年版。

张耕华编：《吕思勉讲中国史》，中华书局 2019 年版。

二、外文文献

（一）基本史料

Loeb Classical Library, Harvard University Press.

Translated Texts for Historians, Liverpool University Press.

Cicero, *de re publica*, Harvard University Press, Cambridge, 1994.

Procopius, *History of the Wars,* William Heinemann, London, 1919.

The Theodosian Code, Clyde Pharr tran., Princeton University Press, New Jersey, 1952.

The Etymologies of Isidore of Seville, Stephen A. Barney, W. J. Lewis, J. A. Beach, Oliver Berghof（trans.），Cambridge University Press, Cambridge, 2006.

Isidore of Seville's History of the Kings of the Goths, Vandals, and Suevi, 2nd edition, Guido Donini, Gordon B. Ford, Jr.（trans.），Brill, Leiden, 1970.

Fragments of the Rules of Domitius Ulpianusm, v. 4.

The Institutes of Gaius, Text with Critical Notes and Translation, Francis de Zulueta（ed.），Parts I, Clarendon Press, Oxford, 1946.

Gregory Tours, *A History of the Franks*, Lewis Thorpe (tran.), Penguin Classics, London, 1976.

The Gothic History of Jordanes, Charles Christopher Mierow (tran.), Princeton University Press, New Jersey, 1915.

Paul the Deacon, *History of The Lombards*, William Dudley Foulke (tran.), University of Pennsylvania Press, Philadelphia, 1975.

The Burgundian Code: Book of Constitutions or Law of Gundobad, Katherine Fisher Drew (tran.), University of Pennsylvania Press, Philadelphia, 1972.

The Lombard Laws, Katherine Fisher Drew（tran.），University

of Pennsylvania Press, Philadelphia, 1973.

The Laws of the Salian Franks, Katherine Fisher Drew (tran.), University of Pennsylvania Press, Philadelphia, 1991.

The Visigothic Code, S. P. Scott, (tran.), Boston Book Company, Boston, 1910.

（二）研究论著

Adshead, S. A. M., "Dragon and Eagle: A Comparison of the Roman and Chinese Empires", *Journal of Southeast Asian History,* Vol. 2, No. 3（Oct., 1961）.

Adshead, S. A. M., *China in World History*, Palgrave Macmillan, New York, 1988.

Brown, Peter, *The World of Late Antiquity, From Marcus Aurelius to Muhammad*, Thames & Hudson, London, 1971.

Cameron, Averil, *The Mediterranean World in Late Antiquity: AD 395—700*, 2nd edition, Routledge, New York, 2011.

Cary, M., Schullard, H. H., The Roman History Clown to the Reign of Constantine, 3rd Edition, The Macmillan Pless Ltd., London, 1975.

Chrysos, Euangelos K., *East and West, Modes of Communication: Proceedings of the First Plenary Conference at Merida*, Wood, Ian (eds.), Brill, Leiden, 1999.

Czajkowski, Kimberley, Eckhardt, Benedikt, "Law Status and Agency in the Roman Provinces", *Past and Present,* No. 241（Nov. 2018）.

Dien, Albert E., *Six Dynasties Civilization,* Yale University Press, New Haven, 2007.

Durliat, Jean,"Cité, impôt et Intérgration des Barbares; Wolf Liebeschütz, Cities, Taxes and the Accomadation of the Barbarians:the Theories of Durliat and Goffart", *Kingdoms of the Empire: The Integration of Barbarians in Late Antiquity,* Brill, Leiden, 1997.

Geary, Patrick J., *Before France and Germany: The Creation and Transformation of the Merovingian World*, Oxford University Press, Oxford, 1988.

Goetz, Hans—Werner, Jarnut, Jörg, Pohl, *Regna and Gentes: The Relationship Between Late Antique and Early Medieval Peoples and Kingdoms in the Transformation of the Roman World,* Walter (eds.), Brill, Leiden, 2002.

Goffart, Walter A., *Barbarians and Romans, A.D.418–584: The Techniques of Accommodation,* Princeton University Press, New Jersey, 1980.

Goffart, Walter A., *Barbarian Tides: The Migration Age and the Later Roman Empire*, University of Pennsylvania Press, Philadelphia, 2006.

Halsall, Guy, *Barbarian Migrations and the Roman West, 376– 568*, Cambridge University Press, Cambridge, 2007.

Heather, Peter, "Foedera and Foederati of the Fourth Century", *Kingdoms of the Empire: The Integration of Barbarians in Late*

Antiquity, Walter Pohl (ed.,) Brill, Leiden, 1997.

Heather, Peter, *The Fall of the Roman Empire: A New History of Rome and the Barbarians*, Oxford University Press, New York, 2005.

Heather, Peter, *Empires and Barbarians: The Fall of Rome and the Birth of Europe,* Oxford University Press, New York, 2010.

Imrie, Alex, *The Antonine Constitution: An Edict for the Caracallan Empire,* Brill, Leiden, 2018.

Jones, A.H.M., *Cities of the Eastern Roman Provinces*, Oxford University Press, Oxford, 1998.

Johnston, David ed., *The Cambridge Companion to Roman Law,* Cambridge University Press, Cambridge, 2015.

Kazhdan, A. P., Epstein, Ann Wharton, *Change in Byzantine Culture in the Eleventh and Twelfth Centuries,* University of California Press, Berkeley, 1985.

Mathisen, Ralhp W., "Peregrini, Barbari, and Cives Romani: Concepts of Citizenship and the Legal Identity of Barbarians in the Later Roman Empire", *The American Historical Review*, Oct., 2006.

Mathisen, Ralph W., "Provinciales, Gentiles, and Marriages between Romans and Barbarians in the Late Roman Empire", *The Journal of Roman Studies*, Vol. 99 (2009).

Mathisen, Ralph W., Shanzer, Danuta R., Romans, *Barbarians, and the Transformation of the Roman World: Cultural Interaction and the Creation of Identity in Late Antiquity*, Ashgate Publishing, Ltd., VT:

Burlington, 2011.

McCormick, Michael, *Eternal Victory: Triumphal Rulership in Late Antiquity, Byzantium and the Early Medieval West*, Cambridge University Press, New York, 1986.

Mitchell, Stephen, *A History of the Later Roman Empire, AD 284—641*, 2nd edition, Wiley—Blackwell, West Sussex, 2014.

Mutschler, Fritz—Heiner, Mittag, Achim eds., *Conceiving the Empire: China and Rome Compared*, Oxford University, New York, 2008.

Pohl, Walter ed., *Kingdoms of the Empire: The Integration of Barbarians in Late Antiquity*, Brill, Leiden, 1997.

Pohl, Walter, Wood, Ian, Reimitz, Helmut eds., *The Transformation of Frontiers: From Late Antiquity to the Carolingians,* Brill, Leiden, 2000.

Reid, James S., *The Municipalities of the Roman Empire,* Cambridge University Press, Cambridge, 1913.

Richardson, John, "The Roman Law in the Provinces", *The Cambridge Companion to Roman Law*, David Johnston (ed.), Cambridge University Press, Cambridge, 2015.

Riché, Pierre, *Education and Culture in the Barbarian West, from the Sixth through the Eighth Century*, John J. Contreni (tran.), University of South Carolina Press, Columbia, 1976.

Scheidel, Walter ed., *Rome and China: Comparative Perspectives on Ancient World Empires,* Oxford University Press, New York, 2009.

Scheidel, Walter ed., *State Power in Ancient China and Rome,* Oxford University Press, New York, 2015.

Sherwin—White, A.N., *The Roman Citizenship,* 2nd Edition, Oxford University Press, Oxford, 1973.

Teggart, Frederick J., *Rome and China: A Study of Correlations in Historical Events*, University of California Press, Berkeley, 1939.

Ward—Perkins, Bryan, *The Fall of Rome: And the End of Civilization*, Oxford University Press, New York, 2006.

Webster, Leslie, Brown, Michelle eds., *The Transformation of the Roman World AD 400—900*, University of California Press, Berkeley, 1997.

Wolfram, Herwig, *History of the Goths*, tran. Thomas J. Dunlap, University of California Press, Berkely, 1997.

Wolfram, Herwig, *The Roman Empire and Its Germanic Peoples*, tran. Thomas J. Dunlap, University of California Press, Berkely, 1997.

Wood, Ian, *The Merovingian Kingdoms 450—751,* Longman, London, 1994.

Wood, Ian,"Burgundian Law—making, 451—534", *Italian Review of Legal History*, 3（2017）.

Wood, Ian, *The Transformation of the Roman West,* Arc Humanities Press, Leeds, 2018.

Woolf, Greg, *Tales of the Barbarians: Ethnography and Empire in the Roman West*, Wiley—Blackwell, West Sussex, 2011.

大事年表 ①

年代	中国	西方
159 年	东汉桓帝联合宦官除掉外戚梁冀，宦官专权开始	
161 年		马可·奥勒留及继罗马皇帝位，与维鲁斯联合执政；罗马与帕提亚战争（161—166）获胜；日耳曼人连年入侵罗马边境
165—180 年		罗马帝国暴发瘟疫，史称安东尼瘟疫
166 年	东汉第一次党锢之祸	日耳曼人进入多瑙河沿岸
168 年	汉灵帝继位，第二次党锢之祸	
176 年	东汉党锢禁令扩大	
177 年		罗马皇帝马可·奥勒留立长子康茂德为奥古斯都
180 年		马可·奥勒留卒，康茂德继位

---

① 本大事年表的时间段主体为魏晋至隋唐时期。为更深入理解中西的危机，从 2 世纪中后期中国的东汉和西方的罗马帝国由盛转衰这个节点开始列举。特此说明。

年代	中国	西方
184 年	东汉黄巾起义爆发，党锢令解除	
189—192 年	何进谋除宦官反被杀，董卓进京，废少帝立献帝	罗马再次暴发瘟疫
192 年		康茂德被杀，安敦尼王朝结束
193 年		五帝争立，S.塞维鲁获胜，塞维鲁王朝开始
195—198 年		罗马侵略帕提亚战争
196 年	曹操迎接汉献帝，迁都许，挟天子以令诸侯	
197 年	袁术在寿春称帝	
198 年	曹操灭吕布	塞维鲁占领泰西封，占领美索不达米亚北部地区
199 年	袁绍灭公孙瓒	
200 年	官渡之战，曹操大败袁绍，曹操实行租调制	
207 年	曹操统一北方	
208 年	赤壁之战，孙刘联军大败曹操，三国鼎立局面开始	塞维鲁出征不列颠
211 年	刘备占领巴蜀	塞维鲁战死，其子卡拉卡拉继罗马皇帝位
212 年		卡拉卡拉颁布法令，给予帝国境内的自由人公民权
213 年	曹操称魏公，改官制	阿勒曼尼人侵入南日耳曼，哥特人侵入多瑙河下游
216—217 年		卡拉卡拉发动对帕提亚战争
217 年		卡拉卡拉被杀，禁卫军长官马克里努斯称帝

年代	中国	西方
218 年		马克里努斯战死，叙利亚人巴西亚努斯称帝
219 年	刘备取汉中	
220 年	曹操病死；汉献帝退位，曹丕称帝，国号魏，建都洛阳；陈群定九品官人法	
221 年	刘备在成都称帝，国号汉	
222 年	孙权接受曹丕封号称吴王，东吴在夷陵大败蜀汉	巴西亚努斯被杀，塞维鲁·亚历山大称帝
223 年	蜀国皇帝刘备病死，后主刘禅继位	
226 年	魏文帝曹丕死，明帝曹叡继位	
228—234 年	蜀国丞相诸葛亮先后五次北伐	
229 年	孙权在建业称帝，国号吴	
230 年	吴国大将卫温到夷洲（今台湾）	
231—233 年		萨珊波斯入侵罗马东部行省，塞维鲁率军反击
234 年	诸葛亮病死五丈原	阿勒尼曼人侵入莱茵河流域
235 年		塞维鲁·亚历山大被杀，塞维鲁王朝结束；罗马 3 世纪危机开始
238 年	曹魏灭辽东公孙氏	罗马帝国北非奴隶和隶奴起义；萨珊波斯入侵美索不达米亚
239 年	魏明帝去世，少帝曹芳继位	
240—249 年	正始之音，何晏、王弼首倡玄学之风	
243 年		罗马皇帝高尔迪安三世攻打萨珊波斯

182

年代	中国	西方
244 年	曹魏攻陷高句丽九都城	米斯榭之战，萨珊波斯大败罗马，罗马求和
249 年	司马懿发动高平陵政变，诛杀曹爽，控制曹魏朝政	
251 年		罗马皇帝德基乌斯重振传统信仰；罗马大疫（西普里安瘟疫）
253 年		萨珊波斯国王沙普尔一世在巴巴里索斯大败罗马军队；瓦勒里安被罗马军队立为皇帝，与其子伽里恩努斯共治
254 年	司马昭废齐王曹芳，立高贵乡公曹髦为帝	
256 年		法兰克人越过莱茵河，哥特人侵犯罗马帝国小亚边境；萨珊波斯入侵美索不达米亚
260 年	曹髦攻打司马昭失败被废杀，司马昭立曹奂为帝	埃德萨之战，瓦勒里安被波斯人俘虏，伽里恩努斯继位；日耳曼尼亚行省总督普斯图慕斯建立"高卢帝国"（260—274）
263 年	西晋钟会、邓艾率军灭蜀	
265 年	司马炎代曹奂自立称帝，曹魏灭亡，西晋建立	
266 年		叙利亚帕尔米拉王国独立
268 年	西晋颁布泰始律令	伽里恩努斯被弑，克劳狄二世被军队立为皇帝
269 年	晋武帝司马炎派杨祜出镇荆州，准备伐吴	克劳狄二世击退哥特人进攻；高卢、西班牙巴高达运动
270 年		克劳狄二世死于瘟疫，骑兵长官奥勒里安被军队立为皇帝
271 年		奥勒里安击退阿勒曼尼人，修长城抵御蛮族
273 年		奥勒里安灭掉帕尔梅拉王国

续表

年代	中国	西方
274 年		奥勒里安征服高卢帝国，在罗马阿格里帕广场新建太阳神庙
275 年		奥勒里安在出征波斯途中被杀，罗马元老院立克劳狄·塔西佗为皇帝
276 年		克劳狄·塔西佗被杀，东方驻军立普罗布斯为帝
277—278 年		克劳迪·塔西佗先后在小亚及莱茵河沿岸等地打败哥特人、阿拉曼尼人、勃艮第人，将蛮族士兵编入军队
279 年	晋武帝分六路出兵伐吴	
280 年	吴主孙皓降晋，吴亡，西晋统一中国	
282 年		罗马禁卫军立卡鲁斯为皇帝，与其二子共治。普罗布斯被杀
283 年		卡鲁斯发动对波斯战争，身亡；其子努谟里安继位
284 年		努谟里安身亡，禁卫军首领戴克里先被立为帝，罗马 3 世纪危机结束
285 年		戴克里先任命马克西米安为凯撒
286 年		马克西米安称奥古斯都，驻米兰
290 年	晋武帝去世，晋惠帝司马衷继位，外戚辅政	
291—306 年	西晋八王之乱	
293 年		戴克里先任命伽勒里乌斯和康斯坦提乌斯为凯撒，四帝共治
297 年		康斯坦提乌斯平定不列颠驻军之乱
298 年		伽勒里乌斯攻陷波斯都城泰西封
301 年	巴氐人李特率流民起义，张轨出任护羌校尉、凉州刺史	戴克里先颁布《物价敕令》，改革币制

年代	中国	西方
303 年		戴克里先发布迫害基督教法令
304 年	匈奴贵族刘渊在山西左国城称汉王,建前赵,李雄在成都建成汉,北方地区进入十六国时期	
305 年		戴克里先和马克西米安退位,伽勒里乌斯和康斯坦提乌斯称奥古斯都
306 年		康斯坦提乌斯去世,驻军拥立其子君士坦丁为帝;马克西米安之子马克森西乌斯称帝
307 年	永嘉南渡(307—311);鲜卑人慕容廆在大棘城称单于	
308 年	前赵刘渊称帝	李锡尼乌斯被立为凯撒
311 年	前赵刘聪攻陷洛阳,晋怀帝被俘	伽勒里乌斯宣布取缔反基督教的敕令
312 年		米尔维安桥之战,君士坦丁打败马克森西乌斯
313 年	祖逖北伐	《米兰敕令》颁布,基督教合法化
316 年	前赵刘曜攻陷长安,晋愍帝被俘,西晋灭亡	君士坦丁规定城市元老不得擅离所在城市
317 年	司马睿在建康称帝,东晋建立;凉州刺史张寔称凉王,建前凉政权	
319 年	前赵刘曜改国号为赵,都长安;刘渊部将羯族石勒在襄国建立后赵政权	
321 年	祖逖去世	君士坦丁规定基督教教会可以接受死者的遗产
322 年	东晋王敦叛乱,攻陷建康	

年代	中国	西方
323 年	晋元帝司马睿病死，司马绍继位	君士坦丁打败李锡尼乌斯，成为罗马帝国唯一皇帝
325 年	晋明帝司马绍病死，司马衍继位	尼西亚大公会议召开，颁布《尼西亚信经》，确定三位一体教义，定阿里乌派为异端
327 年	东晋苏峻、祖约叛乱	
329 年	陶侃、庾亮、温峤等联合平定叛乱，石勒灭前赵	
330 年		君士坦丁迁都拜占庭，改名为君士坦丁堡
337 年	鲜卑人慕容皝称燕王，建前燕政权	君士坦丁去世，其三子君士坦丁二世、康斯坦提乌斯二世和康斯坦斯称奥古斯都，分治帝国
338 年	鲜卑人拓跋什翼犍建立代国政权	
340 年		君士坦丁二世与康斯坦斯军队交战被杀，后者据有其不列颠、高卢、西班牙领地，控制西部帝国
342 年	晋成帝司马衍去世，其弟司马岳继位	
344 年	晋康帝司马岳去世，其子司马聃继位	
347 年	东晋桓温率兵入蜀，攻陷成都，成汉灭亡	
350 年	冉闵夺取后赵政权，改国号为魏，建冉魏政权	康斯坦斯的禁卫军立马格内提乌斯为皇帝，康斯坦斯被杀
351 年	氐人苻健建立大秦政权，都长安，史称前秦	
352 年	前燕灭冉魏后迁都邺城，改王称帝；苻健称帝	

年代	中国	西方
353 年	东晋王羲之作"天下第一行书"《兰亭集序》	君士坦提乌斯二世打败马格内提乌斯，成为帝国唯一统治者
354 年	桓温北伐，收复洛阳，攻入关中	圣奥古斯丁诞生
355 年		朱利安被立为凯撒，征讨法兰克人和阿勒曼尼人
356 年	桓温再度北伐，收复洛阳	
357 年	前秦苻坚称大秦天王	
360 年		高卢驻军立朱利安为奥古斯都
361 年		康斯坦提乌斯二世病逝，朱利安成为罗马帝国唯一皇帝，恢复异教，压制基督教
363 年		朱利安在与波斯战争中死去，军队立约维安为帝
364 年		约维安被杀，瓦伦提尼安一世被立为皇帝，其弟瓦伦斯被封为东部皇帝，瓦伦提尼安王朝开始
365—374 年		瓦伦提尼安一世对高卢、莱茵河、多瑙河沿岸等地的阿勒曼尼、萨克森等日耳曼人战争
366 年	前秦开凿敦煌莫高窟	
369 年	枋头之战，桓温败于前燕慕容垂	
370 年	前秦灭前燕	
371 年	前秦吞并氐族杨氏的仇池国	
373 年	前秦夺取东晋梁益二州	
375 年		瓦伦提尼安一世病死，格拉提安继位为西部皇帝，与其弟瓦伦斯二世共治，西哥特人获准定居帝国境内

年代	中国	西方
376 年	苻坚灭前凉、鲜卑拓跋氏的代国，统一北方	
378 年		亚德里亚堡战役，西哥特人起义，杀死皇帝瓦伦斯
379 年		狄奥多西一世被立为奥古斯都、东部皇帝
381 年		君士坦丁堡大公会议重申尼西亚公会议教义
382 年	前秦吕光受命征讨西域	格拉提安下令移除元老院胜利女神祭坛，狄奥多西一世与西哥特人缔结盟约
383 年	淝水之战，东晋大败前秦军队，前秦政权瓦解	狄奥多西一世承认马克西姆为西部皇帝，格拉提安被杀
384 年	慕容垂建后燕，慕容泓建西燕，羌族姚苌称秦王	
385 年	姚苌俘杀苻坚，据长安，建大秦，史称后秦；鲜卑人乞伏国仁建西秦，都苑川	
386 年	鲜卑人拓跋珪在牛川恢复代国，改称魏国，史称北魏；吕光在姑臧建后凉政权	
387—391 年	拓跋珪发动对高车、柔然等战争	
388 年		狄奥多西一世打败并处死马克西姆
390 年		狄奥多西一世屠杀帖撒罗尼迦暴动民众
392 年		瓦伦提尼安二世被杀，狄奥多西一世宣布基督教为国教

年代	中国	西方
394 年	后燕灭西燕，后秦灭前秦	狄奥多西一世统一罗马帝国，取缔异教节日，古代奥林匹克运动会结束
395 年		狄奥多西一世去世，罗马帝国正式东西分治；阿拉里克称西哥特王
397 年	鲜卑人秃发乌孤自称武威王，都廉川堡，后迁乐都，史称南凉；匈奴人沮渠蒙逊在金山拥段业为凉州牧，奠定北凉政权	
398 年	拓跋珪正式定国号为魏，迁都平城；后燕慕容德建南燕政权	
399 年	拓跋珪正式称帝；东晋孙恩、卢循起义	
400 年	陇西汉人李暠在酒泉建西凉政权	
401 年	沮渠蒙逊正式称帝，建立北凉	
402 年	东晋荆州都督桓玄攻进建康，柔然首称可汗	阿拉里克率军进攻意大利
403 年	桓玄篡晋称帝，建国号楚；刘裕起兵灭桓玄，掌握东晋朝政；后秦灭后梁；高僧法显西行求法	
404 年	慧远著《沙门不敬王者论》	
406 年		罗马撤回莱茵河驻军，汪达尔人、阿兰人、苏维人、勃艮第人等越过莱茵河，入侵高卢，勃艮第人作为"盟友"定居下日耳曼尼亚

续表

年代	中国	西方
407 年	后燕冯跋兵变，后燕亡，建北燕政权；匈奴人赫连勃勃建大夏国，都统万城	
408 年		阿拉里克率兵围攻罗马城；狄奥多西二世成为东罗马皇帝
409 年	冯跋在辽西昌黎即北燕皇帝位	汪达尔人、阿兰人进攻西班牙
410 年	东晋灭南燕	阿拉里克率军洗劫罗马城
411 年		勃艮第王贡特尔与阿兰人首领戈阿扶植傀儡皇帝约维努斯
412 年	北凉沮渠蒙逊定都姑臧	西哥特王阿陶勒夫进入高卢
413 年	东晋刘裕实行"土断"政策，取消侨置户籍	西哥特人打败高卢的汪达尔人
414 年	西秦灭南凉	
416 年	刘裕北伐，攻占洛阳	
417 年	晋军进逼长安，灭后秦	
418 年		西罗马与西哥特结盟，承认其独立地位
420 年	刘裕废晋帝自立，都建康，建国号宋，史称刘宋，南朝开始	
421 年	北凉灭西凉	
424 年	刘义隆即刘宋皇帝位	
426 年		奥古斯丁完成《上帝之城》
428 年		盖萨里克成为汪达尔国王
429 年	祖冲之出生	汪达尔王盖萨里克率军登陆北非；东部皇帝狄奥多西二世宣布编纂法典
430 年	元嘉中，刘宋第一次北伐	盖萨里克围困攻陷希波城，主教奥古斯丁去世

年代	中国	西方
431 年	大夏赫连定灭西秦，又被吐谷浑所灭	以弗所公会议，聂斯托利派被定为异端
435 年		西罗马承认汪达尔人占领的领地
436 年	北魏灭北燕	西罗马将军埃提乌斯打败勃艮第王贡特尔
438 年		《狄奥多西法典》完成
439 年	北魏灭北凉，统一中国北方	汪达尔人攻陷迦太基
442 年		西罗马承认汪达尔国王盖萨里克独立地位
445 年	北魏盖吴领导卢水胡人起义，汉、氐、羌、匈奴人民纷纷响应	
446—452 年	北魏太武帝拓跋焘灭佛	
449 年		盎格鲁-撒克逊人入侵不列颠
450 年	刘宋第二次北伐；北魏崔浩国史案	
451 年		罗马联军在加泰罗尼亚平原（夏龙）打败匈奴人阿提拉军队；卡尔西顿大公会议再次定聂斯托利派为异端
452 年	刘宋第三次北伐	
453 年		阿提拉暴卒，匈奴帝国解体，东哥特人渡过多瑙河
455 年		盖萨里克率军洗劫罗马城
456 年		阿格里根图战役，罗马将军日耳曼人里希梅尔打败盖萨里克，控制西部政权
460 年	北魏开凿云冈石窟	西罗马打败西哥特
461 年		里希梅尔立利比乌斯·塞维鲁为帝
465 年		塞维鲁卒，里希梅尔执政

续表

年代	中国	西方
466年		尤里克称西哥特王，在位期间编撰《尤里克法典》
471年	北魏孝文帝即位，太皇太后冯氏临朝执政	
472年		里希梅尔攻陷罗马城
473年		勃艮第王贡德里克去世，其四子分治，贡多巴德在位期间编纂《勃艮第法典》
476年		日耳曼人雇佣军奥多亚克废罗慕路斯，西罗马帝国灭亡
479年	萧道成废宋顺帝自立，改国号齐，史称萧齐	
481年		法兰克人克洛维建法兰克王国，墨洛温王朝开始
484年		阿拉里克二世成为西哥特国王
485年	北魏孝文帝颁布均田令	
486年	北魏实行三长制和新租调制	
487年	范缜作《神灭论》	
489年		芝诺皇帝令东哥特王狄奥多里克进攻意大利，打败奥多亚克
493年		狄奥多里克攻陷拉文纳，杀掉奥多亚克，建立东哥特王国
494年	北魏孝文帝迁都洛阳	
495年	北魏开凿洛阳龙门石窟	
496年	北魏下令改鲜卑姓为汉姓，汉化改革	克洛维在莱茵河附近战胜阿勒曼尼人，皈依罗马公教会
499年	北魏确立三省为核心的中枢制度	
502年	雍州刺史萧衍代齐称帝，改国号梁，史称萧梁	

年代	中国	西方
506 年		西哥特国王阿拉里克二世根据罗马法典编撰《法典荟要》
507 年		西哥特人迁都托莱多,克洛维在普瓦提埃打败阿拉里克二世
511 年		克洛维去世,四子分治王国
524 年	北魏六镇起义	东哥特国王狄奥多里克处死哲学家波埃修
525 年		小迪奥尼修斯发明基督教公元纪年法
526 年		狄奥多里克去世,其外孙阿塔拉里克继位
527 年		查士丁尼继任东罗马帝国皇帝
528 年	魏将尔朱荣兵进洛阳,立元子攸为帝,攫取北魏大权,发动"河阴之变"	
529 年		查士丁尼下令关闭雅典新柏拉图学苑;圣本笃建卡西诺山修道院;编撰《查士丁尼法典》(529—533)
530 年	北魏孝庄帝杀掉尔朱荣,尔朱世隆、尔朱兆杀害孝庄帝	
531 年	北魏高欢起兵打败尔朱兆,立孝武帝元修,把持朝政	法兰克人征服图林根,打败西哥特,盖里默成为汪达尔国王
532 年		东罗马尼卡起义
533 年		东罗马贝利萨留攻打汪达尔王国
534 年	元修投奔宇文泰,高欢立孝静帝元善见,迁都邺,史称东魏,北魏分裂	法兰克征服勃艮第;东哥特国王阿塔拉里克去世;汪达尔王国灭亡
535 年	北魏宇文泰立元宝炬为皇帝,都长安,史称西魏	贝利萨留占领西西里岛,攻克罗马城
536 年		东罗马帝国圣索菲亚大教堂落成

续表

年代	中国	西方
540 年		贝利萨留占领意大利
541 年		托提拉被立为东哥特国王
548 年	萧梁侯景在寿阳起兵，侯景之乱爆发	
549 年	侯景攻陷建康，梁武帝饿死	奥尔良宗教会议确立法兰克国王的主教任免权
550 年	高洋废东魏皇帝自立，建立北齐，东魏灭亡	
551 年	侯景建汉；魏收受命撰《魏书》	哥特人约丹尼斯著成《哥特史》
552 年	梁元帝萧绎在江陵称帝，陈霸先、王僧辩平定侯景之乱；突厥灭柔然	法兰克人征服巴伐利亚
553 年		东罗马帝国灭亡东哥特王国；第二次君士坦丁堡大公会议，谴责一性论等异端
554 年		贝利萨留远征西班牙，在西班牙半岛东部设置行省
555 年	萧梁宗室萧詧称帝，称臣西魏，史称后梁	
557 年	宇文觉废西魏皇帝自立，建立北周，西魏灭亡；陈霸先废萧方智，改国号陈，梁亡	
558 年		法兰克人国王克罗退尔一世重新统一法兰克
561 年		克罗退尔一世去世，四子分治王国
568 年		伦巴德国王阿尔博音率族越过阿尔卑斯山，建伦巴德王国
571 年		伦巴德人夺取东帕维亚，于此建都

年代	中国	西方
574 年	北周武帝禁佛、道两教	伦巴德人侵入法兰克高卢失败
576 年		伦巴德人进攻罗马城，元老院请求东罗马支援
577 年	北周灭北齐，统一北方	
580 年		斯拉夫人向巴尔干迁徙；阿瓦尔人入侵多瑙河下游
581 年	外戚杨坚取代北周称帝，国号隋，都长安，即大兴城	
582 年	隋颁布均田令	
583 年	隋伐突厥，突厥分裂为东、西两部	
584 年	隋开凿广通渠	
585 年		西哥特王国灭亡苏维汇王国
587 年	隋灭后梁	西哥特国王里卡雷多皈依罗马公教会
589 年	隋军攻入建康，陈后主被俘，陈亡，中国再度统一	西哥特王国托莱多宗教大会，弃阿里乌派，皈依罗马公教会
588 年		洛塔尔一世统一法兰克
594 年		法兰克都尔的格雷戈里著成《法兰克人史》
596 年		罗马公教会奥古斯丁到英格兰传教
599 年	东突厥突利可汗降，隋封突利为启民可汗	
600 年		英国"七国时代"开始，埃塞尔伯特修订英格兰第一部法典
604 年	隋炀帝即位，建东都洛阳，开通济渠，5年后大运河全部开通	
607—608 年	隋炀帝筑长城	

续表

年代	中国	西方
611 年	西突厥处罗可汗归降，隋末农民大起义爆发	
612 年	隋炀帝远征高句丽，败归	
613 年		克罗退尔二世成为全法兰克人国王；西哥特王国强令犹太人皈依基督教
614 年		克罗退尔二世颁布敕令，确认封建领主特权，"特恩权"之始
615 年	突厥始毕可汗率军围困隋炀帝于雁门	
617 年	隋太原留守李渊起兵，攻下长安	
618 年	司马德戡、宇文化及发动江都兵变，缢死隋炀帝，隋亡；李渊建唐，都长安；李世民灭薛仁杲，占陇西全境；李轨据武威，称大凉皇帝；幽州总管罗艺归附李世民	
619 年	李世民灭李轨，占河西五郡；刘武周据马邑称皇帝，突厥封其为"定杨可汗"	
620—624 年	唐灭刘武周；梁帝萧铣降唐；王世充降唐；平定林士弘、刘黑闼、徐圆朗、高开道、辅公祏等	
624 年		西哥特人收复东罗马在西班牙的最后据点
626 年	李世民发动玄武门之变，继皇帝位，开启贞观之治	
627 年	唐分全国为 10 道	

年代	中国	西方
630 年	唐平定东突厥，四夷君长尊唐太宗为"天可汗"	
635 年	唐大败吐谷浑；景教士阿罗本从波斯到长安传教	
639—751 年		墨洛温王朝"懒王时期"，宫相专权
640 年	唐设安西都护府	
641 年	唐文成公主嫁吐蕃赞普松赞干布	
644 年		伦巴德国王罗塔里修订《伦巴德法典》
645 年	玄奘从天竺返回长安	
649 年	唐太宗去世，唐高宗李治继位	
652 年		伦巴德国王阿里伯特接受罗马公教教义
654 年		克洛维二世成为法兰克唯一统治者
655 年	唐高宗废王皇后，立昭仪武则天为后	西哥特王国在托莱多举行第九次宗教会议，禁止犹太人庆祝宗教节日
657 年	唐征灭西突厥；建东都洛阳	
659 年	唐朝颁布官修药典《新修本草》	
660 年	唐灭百济	
662 年		法兰克人攻打伦巴德人，伦巴德王格里姆瓦尔德改信罗马公教会
664 年		不列颠诺森布里亚王国召开惠特比宗教会议，改信罗马公教会
668 年	唐灭高句丽	
670 年		奥斯特拉西亚国王希尔德里克再度统一法兰克王国

年代	中国	西方
672 年	吐蕃占据吐谷浑	
680—681 年		第三次君士坦丁堡大公会议
682 年	东突厥复国	
683 年	唐高宗去世，李显继位，政事悉决于武太后	
684 年	徐敬业在扬州起兵反叛，武则天废中宗李显，立李旦为帝	
687 年		法兰克奥斯特拉西亚宫相赫里斯塔尔·丕平成为唯一宫相
690 年	武则天平定徐敬业叛乱，废睿宗李旦，称帝，改国号为周，都洛阳，史称武周	
694 年	摩尼教传入中国	西哥特托莱多公会议，没收犹太人财产
700 年		苏格兰皮克特教会改信罗马公教会
705 年	神龙政变，武则天退位，中宗复位，复周为唐	
710 年	唐金城公主外嫁吐蕃赞普弃隶缩赞；李隆基与太平公主发动政变，唐睿宗复位	
711 年	唐睿宗始设节度使	阿拉伯人入侵西哥特王国
712 年	唐睿宗退位，太子李隆基继位，开启"开元盛世"	柳特普兰德成为伦巴德王

年代	中国	西方
713 年	唐玄宗李隆基铲除太平公主及其党羽	
714 年	唐玄宗接受姚崇建议，强迫僧尼还俗	阿拉伯人灭亡西哥特王国，西哥特人退守西班牙半岛西北部山区
715 年		查理·马特成为法兰克宫相
718 年		查理·马特大败萨克森人，控制法兰克政权；西哥特人建阿斯图里亚斯王国
721 年		法兰克阿奎丹公爵厄德打败进攻图卢兹的阿拉伯军队
724 年	唐僧一行第一次测量出地球子午线的长度	
732 年		普瓦提埃战役，法兰克人打败阿拉伯军队
734 年		查理·马特实行采邑制
737 年		查理·马特独掌大权，法兰克王位空缺 6 年
741 年		查理·马特卒，其子卡罗曼和矮子丕平分任奥斯特拉西亚和纽斯特里亚宫相
745 年	回纥灭东突厥汗国，据其故地	
747 年		卡罗曼隐退本笃会修道院，矮子丕平垄断法兰克宫相大权
751 年	唐兵与大食交战，败于怛罗斯城，中国造纸术西传	矮子丕平废墨洛温王自立，建加洛林王朝
754 年		罗马教皇斯蒂芬二世为法兰克国王矮子丕平举行涂油礼
755 年	唐节度使安禄山在范阳起兵反叛，安史之乱爆发	

199

年代	中国	西方
756 年	马嵬驿兵变，诛杀杨国忠与杨贵妃；唐玄宗被迫退位，肃宗李亨在灵武继位	丕平献土，奠定教皇国基础
762 年	唐代宗李豫继位	
763 年	安史之乱彻底平定；吐蕃军队攻入长安	
768 年		矮子丕平卒，二子查理、卡罗曼分治
771 年		查理成为法兰克唯一国王，史称查理曼；比德著成《英吉利教会史》
772—785 年		查理曼征服萨克森人，萨克森接受基督教
773—774 年		查理曼征服伦巴德王国
778 年		查理曼出兵西班牙，败归
779 年	唐德宗李适继位	
780 年	唐宰相杨炎实行两税法	
781—784 年	唐廷发生"二帝四王之乱"	
787 年		第二次尼西亚大公会议，反对破坏圣像
788—805 年		查理曼控制巴伐利亚；与阿瓦尔人战争，征服阿瓦尔人
789 年		丹麦人入侵不列颠；查理曼开始与斯拉夫人战争
794 年		诺曼人入侵苏格兰
795 年		查理曼设置西班牙马尔克

年代	中国	西方
800 年		查理曼在罗马加冕，称"罗马人皇帝"
805 年	唐顺宗李诵继位，"永贞革新"（"二王八司马事件"）失败，禅位宪宗李纯	
806 年	唐平西川节度使刘辟叛乱	查理曼之子丕平占领西班牙北部的那瓦尔
807 年	唐平浙西镇海军节度使李锜叛乱	
808 年	牛李党争开始	
812 年		东罗马承认查理曼的帝号
814 年		查理曼卒，其子虔诚者路易继法兰克王位
815—817 年	唐平淮西叛乱	
817 年		虔诚者路易三分帝国与其子
819 年	唐藩镇名义上归附，暂致"元和中兴"	
821 年	唐"河朔再叛"，与吐蕃结盟	
823 年	吐蕃立《唐蕃会盟碑》	
827 年	唐文宗李昂继位	
829 年		爱格伯特统一英格兰，七国时代结束
831 年		法兰克人在汉堡设立大主教区，开始向斯堪的纳维亚地区传教

续表

年代	中国	西方
833 年		虔诚者路易诸子起兵叛乱，虔诚者路易被俘
835 年	唐文宗密谋处死宦官，事败，史称"甘露之变"，	
840 年	回纥为黠戛斯所破，残众向西迁徙	
841 年	唐武宗李炎即位	
843 年		《凡尔登条约》签订，加洛林帝国三分
845 年	唐武宗灭佛，勒令僧尼还俗 26 万余人	
846 年	唐宣宗李忱即位，大中之治	
851 年	张议潮反吐蕃归唐，受封归义军节度使	
870 年		《默尔森条约》，西法兰克国王秃头查理与东法兰克国王日耳曼人路易瓜分罗塔尔意大利领地
874 年	唐王仙芝在长垣起义	
875 年	唐黄巢在冤句起义	秃头查理称意大利王、皇帝
876 年		日耳曼人路易去世，其子胖子查理继位
880 年	黄巢攻下长安，建号大齐，僖宗逃往成都	胖子查理继承意大利王位
881 年		胖子查理加冕称帝
884 年	黄巢兵败自杀，起义失败	胖子查理继承西法兰克王位，成为帝国唯一统治者

年代	中国	西方
888 年		胖子查理被迫退位，去世，加洛林帝国解体
903 年	唐朱温诛杀宦官	
904 年	朱温胁迫唐昭宗李晔迁都洛阳，杀掉昭宗	
905 年	"白马驿之祸"，朱温诛杀朝臣	
907 年	唐哀帝李柷颁《禅位册文》，朱温即帝位，建立后梁，都开封，唐朝灭亡	

后　记

　　这本小书是在中央社会主义学院 2018 年高端智库项目基础上扩充而成的，项目的题目为"魏晋隋唐民族融合与欧洲蛮族入侵比较研究"。虽然成书略显仓促，但笔者对这个问题的学习和思考是长期而认真的，前前后后有十多年了。在这个过程中，我有幸得到著名史学家刘家和先生的关爱、指导和教诲。我博士毕业留校工作后，刘先生结合我的专业，建议我扩大学习范围，尝试做一些中西历史的比较研究，尤其是魏晋南北朝时期的中国与同期的西方历史比较。这是他长期思考的一个问题，也在他的一些论著中有所涉及。为此，他不但多次给我讲解这个题目涉及的重要问题，阐述研究思路，而且教我如何读书，该读哪些书，尤其是中国的古籍。不仅如此，他还有意帮我打基础，让我翻译了新编《泰晤士历史地图集》（《泰晤士世界历史》）的部分章节，协助他完成了教育部重大项目《古代中西历史、史学与理论比较研究》的余论，对魏晋南北朝与同期的西方历史及文明特点有了初步的认识。此后，我又多次聆听他的教导，有过多次讨论，也积累了一些零散的笔记。2019年夏天，经过近两个月的连续作战，终于完成了项目的初稿。部分成果也在《北京师范大学学报》（社会科学版）2019年第5期刊出，得到了学术界同人的积极反响，被《高等学校文科学术文摘》、《中国社会科学文摘》、《新华文摘》（论点摘编）、中国人民大学报刊复印资料《历史学》《学术界》《世界历史文摘》等转摘或转载。

这个题目自始至终都凝结着刘先生的心血，他不但提供了研究思路，而且还全程指导和参与，没有他的无私关爱和付出，是不可能达到现在的水平的。这是我们的合作成果，理应共同署名，但先生谢绝了我的请求，还告诉我放心使用。这种甘为人梯、无私提携后学的精神令我感动不已。我当年报考先生的博士，欲厕列先生门墙而未能如愿。毕业后蒙先生教诲，这个遗憾才得以弥补。这本小书权且算我呈交给先生的一篇不成熟的毕业论文吧！

本书的问世承蒙杨共乐教授大力支持，他不但帮助联系了研究项目，而且作了出版策划等；蒋重跃教授慨然将拙文在《北京师范大学学报》刊出，也提出了宝贵的修改意见；中央社会主义学院的陈首、顾超、林伟华、田琳琳等先生为本书的修改及出版事宜付出了辛勤的劳动；人民出版社的毕于慧、刘畅等先生认真审阅了书稿，提出了宝贵的修改建议，并于书中错误多有校正；北京师范大学历史学院徐畅教授通读了文稿，并就中国部分多有校正，也提出了非常好的修改和提高建议；蒋重跃教授、北京大学历史学系李隆国教授、北京师范大学历史学院董立河教授为本书写了出版推荐；黄广连博士、博士生王林等帮助准备了大事年表的初稿。对于他们的热心帮助，在此一并感谢。

文浅识陋，错讹或存，祈请指正。

刘林海

2023 年 12 月 4 日

策划编辑：毕于慧
责任编辑：刘　畅
封面设计：林芝玉　姚　菲
版式设计：汪　莹

图书在版编目（CIP）数据

魏晋隋唐民族融合与欧洲蛮族入侵/刘林海　著．—北京：
　人民出版社，2024.3
（文明互鉴研究丛书/杨共乐主编）
ISBN 978－7－01－026090－7

I.①魏…　II.①刘…　III.①民族融合－研究－中国－魏晋南北朝时代
　②民族融合－研究－中国－隋唐时代　IV.① K280.02

中国国家版本馆 CIP 数据核字（2023）第 212993 号

魏晋隋唐民族融合与欧洲蛮族入侵
WEIJIN SUITANG MINZU RONGHE YU OUZHOU MANZU RUQIN

刘林海　著

人民出版社 出版发行
（100706　北京市东城区隆福寺街 99 号）

北京中科印刷有限公司印刷　新华书店经销

2024 年 3 月第 1 版　2024 年 3 月北京第 1 次印刷
开本：710 毫米 ×1000 毫米 1/16　印张：17.25
字数：172 千字

ISBN 978－7－01－026090－7　定价：68.00 元

邮购地址 100706　北京市东城区隆福寺街 99 号
人民东方图书销售中心　电话（010）65250042　65289539